burda

Backen

Kuchen, Torten und Gebäck
Über 200 Rezepte

Pawlak

Lizenzausgabe 1989 für
Manfred Pawlak Verlagsgesellschaft mbH, Herrsching

Rezepte: burda-Kochstudio
Chefkoch: Ernst Birsner
Redaktion: Elisabeth Klapper
Fotos: burda-Fotostudio, Gerd Feierabend
Umschlaggestaltung: Bine Cordes, Weyarn
Umschlagfoto: Studio Teubner, Füssen
Printed in Italy
by Arti Grafiche VINCENZO BONA s.p.a.
ISBN: 3-88199-491-2

Inhalt

Vorwort

Wenn Ihre Kaffee-Gäste sich erst in letzter Minute angesagt haben oder völlig überraschend kommen: Für einen selbstgebackenen Kuchen oder eigenhändig fabriziertes Gebäck ist immer noch Zeit. Denn als moderne Hausfrau besitzen Sie eine Tiefkühltruhe und haben für solche Fälle vorgesorgt. Entweder haben Sie darin fertigen Kuchen, der nur noch aufgetaut werden muß, oder Sie bewahren verschiedene Teigsorten darin auf, aus denen sich in kurzer Zeit ofenfrisches Gebäck herstellen läßt.
In diesem Buch finden Sie vom einfachsten Gebäck bis zur feinsten Torte über 200 Backrezepte. Besonders clevere Hausfrauen verfügen über ein halbes Dutzend erprobter und bewährter Kuchenspezialitäten, auf die sie in jedem Fall zurückgreifen können und mit denen sie bei ihren Gästen immer Beifall ernten. Nach dem Studium dieses Buches werden Sie sicher feststellen, daß Sie Ihr Kuchenrepertoire noch um einige gebackene Köstlichkeiten erweitern können. Ob für den Kaffeeklatsch mit Ihren besten Freundinnen oder für besonders festliche Anlässe: Hier finden Sie für jeden Anlaß ein spezielles Rezept. Jedes Rezept enthält die Kalorien- und Jouleangabe pro Torten- oder Gebäckstück. Außerdem finden Sie auf den Seiten 14–15 eine Kalorien- bzw. Jouleübersicht der in den Rezepturen am häufigsten verwendeten Zutaten.

Grundrezepte für die wichtigsten Teigarten

Rührteig

Geschmeidige Butter oder Margarine, Zucker und Vanillinzucker mit den Rührquirlen des elektrischen Rührgerätes cremig rühren. Die Masse ist richtig, wenn sich beim Herausziehen der Rührquirle kleine Spitzen bilden. Danach die Eier und das mit Backpulver vermischte und gesiebte Mehl nach und nach unterrühren. Der Teig hat die richtige Beschaffenheit, wenn die Masse zähflüssig „reißend" von den Rührquirlen fällt. Teig in gefettete, mit Mehl ausgestreute oder mit Backtrennpapier ausgelegte Backform füllen.
Tip: Statt ganzer Eier zu verwenden, können die Eier auch getrennt werden. Das Eigelb wird dann, wie oben angegeben, mit Fett und Zucker cremig gerührt. Das Eiweiß steif geschlagen und zuletzt unter den Teig gehoben. Auf diese Weise wird der Teig etwas lockerer. Rührteig findet Verwendung bei: Königskuchen, Teekuchen, Marmorkuchen. Backzeit: Ca. 75 Min. bei 180 bis 200 Grad (Gas Stufe 2 bis 3) auf der mittleren Schiene des Backofens.

Zutaten:
200 g Butter oder Margarine
250 g Zucker
4 Eier
1 Pck. Vanillinzucker
250 g Mehl (oder 125 g Mehl und 125 g Speisestärke)
1 gestrichener TL Backpulver

Mürbeteig (auch Knetteig genannt)

Butter oder Margarine, gesiebten Puderzucker, Vanillinzucker, Salz und Zitronenschale in eine Rührschüssel geben und mit den Knethaken des elektrischen Rührgerätes vermischen, danach das Ei unterrühren. Mehl (und Backpulver) dazusieben, alles gut verkneten. Teig zur Kugel formen und mit Haushaltsfolie bedeckt mindestens 1 Stunde im Kühlschrank ruhen lassen. Mürbeteig findet Verwendung bei: Obstkuchen, Käsekuchen und Kleingebäck. Backzeit: Kleingebäck ca. 10 Min., Obstkuchen etwa 45 Min. bei 180 bis 200 Grad (Gas Stufe 2 bis 3).

Zutaten:
125 g Butter oder Margarine
50–75 g Puderzucker
1 Pck. Vanillinzucker
1 Prise Salz
abgeriebene Schale
1/2 Zitrone (ungespritzt)
1 Ei
250 g Mehl
evtl. 1 Löffelspitze Backpulver

Hefeteig

Zutaten:
500 g Mehl
25 g Hefe (Bäckerhefe, Bierhefe) oder
1 Pck. Dauerbackhefe
knapp 1/4 l (ca. 2 dl) Milch
50 g geschmeidige Butter oder Margarine
abgeriebene Schale 1/2 Zitrone (ungespritzt)
1 Pck. Vanillinzucker
50 g Zucker
1 Prise Salz
1 Ei

Bei Verwendung von Frischhefe: Hefe mit lauwarmer Milch verrühren und an warmem Ort ca. 10 Min. stehen lassen. Mehl in eine Rührschüssel sieben, Fett, Zitronenschale, Vanillinzucker, Zucker, Salz und Ei zugeben. Gegangene Hefemilch zugießen.
Bei Verwendung von Dauerbackhefe: Gesiebtes Mehl und Dauerbackhefe sorgfältig mischen, lauwarme Milch, Fett, Zucker, Vanillinzucker, Zitronenschale, Salz und Ei zugeben.
Alle Zutaten mit den Knethaken des elektrischen Rührgerätes zu einem Teig verarbeiten. Den Teig so lange schlagen, bis er sich vom Schüsselrand löst. Eventuell 2–3 EL der Mehlmenge erst zuletzt unter den Teig kneten. Hefeteig mit Haushaltsfolie oder sauberem Küchentuch bedecken und an warmem Ort so lange gehen lassen, bis sich die Teigmenge verdoppelt hat. Danach den Teig aus der Rührschüssel nehmen, auf leicht bemehlter Arbeitsplatte noch einmal kurz durchkneten und beliebig weiterverarbeiten. Hefeteig findet Verwendung bei: Zopfkuchen, Obstkuchen, Kleingebäck und Brot (hierfür den Teig ohne Zucker zubereiten).
Backzeit: Ca. 30–60 Min. bei 180 bis 220 Grad (Gas Stufe 2 bis 4).
Zu beachten: Hefepilze entwickeln ihre Triebkraft am besten bei ca. 37°C. Deshalb die Hefemilch nie mit zu heißen oder kalten Zutaten (heiße Milch, kaltes Fett) in Verbindung bringen.

Biskuitteig

Zutaten:
4 Eigelb, 3–4 Eßlöffel warmes Wasser, 150 g Zucker, 4 Eiweiß, 150 g Mehl, 1 Teelöffel Backpulver, Geschmackszutaten wie Anis Zitrone oder Vanille

Eigelb und warmes Wasser schaumig schlagen, 2/3 des Zuckers dazugeben und so lange schlagen, bis eine dickschaumige, zähflüssige Masse entsteht. Das Eiweiß zu steifem Schnee schlagen, 1/3 des Zuckers unterrühren, den Schnee auf die Schaummasse schichten und schnell das mit Backpulver vermischte Mehl darüber sieben. Alles vorsichtig mit dem Schneebesen vermischen, nicht stehen lassen, sondern sofort in eine ungefettete, mit Pergamentpapier ausgelegte Form füllen und backen. Biskuitteig findet Verwendung bei: Cremetorten und Biskuitrouladen. Backzeit: Ca. 20 Minuten bei 175 Grad auf der mittleren Schiene.

Anmerkung: Biskuitteig hat die Eigenschaft, sehr schnell auszutrocknen. Kuchen und Gebäckstücke aus dieser Teigart sollten aus diesem Grund möglichst nicht zu lange aufgehoben werden; sie schmecken frisch am besten.

Warm geschlagener Biskuitteig

Zutaten:
7 Eier, 200 g Zucker
1 Päckchen Vanillinzucker
abgeriebene Schale von 1 Zitrone, 200 g Mehl
100 g Butter

Eier, Zucker, Vanillinzucker und Zitronenschale in einer Schüssel im heißen Wasserbad dickschaumig schlagen, dabei wird die Masse gut warm. Die Butter in der Zwischenzeit zergehen lassen. In die Eigelbcreme dann das gesiebte Mehl mit der lauwarmen Butter unterheben und in eine gefettete, mit Mehl bestäubte Form füllen. Warm geschlagener Biskuitteig findet bei besonders feinen Torten Verwendung. Backzeit: Ca. 1 Stunde bei 150 Grad auf der mittleren Schiene des Backofens.

Brandteig (auch Brühteig genannt)

Zutaten:
1/4 l Wasser
75 g Butter oder Margarine
1 Prise Salz
150 g Mehl
4 Eier
1 TL Backpulver

Wasser, Butter oder Margarine und Salz in hohem, schmalen Topf zum Kochen bringen, gesiebtes Mehl auf einmal hineinschütten. Die Masse so lange rühren, bis sie sich zu einem Kloß zusammenballt und vom Boden löst. Dabei muß sich am Topfboden eine dünne Haut bilden. Topf von der Herdplatte nehmen, sofort 1 Ei unter den Teig rühren, die übrigen Eier und das Backpulver erst nach dem Abkühlen nacheinander dazugeben. Nach jedem Ei den Teig gut glatt rühren. Brandteig zum gewünschten Gebäck weiterverarbeiten. Auf einem mit Wasser benetzten Blech backen, dabei während der ersten 20 Minuten den Backofen nicht öffnen. Brandteig findet Verwendung bei: Windbeuteln, Spritzkuchen und Eclairs (auch Liebesknochen genannt). Backzeit: Ca. 30 Minuten im auf 220 Grad (Gas Stufe 4) vorgeheizten Backofen.

Tiefgefrorener Blätterteig

Da die Herstellung von Blätterteig sehr zeitraubend und auch sehr schwierig ist, empfiehlt es sich, tiefgefrorenen Blätterteig zu kaufen. Blätterteig gibt's im Handel in Päckchen mit 250 g und 300 g Inhalt. Der Blätterteig wird bei Zimmertemperatur soweit aufgetaut (Teigblätter nebeneinander gelegt 20 Minuten; Teigblöcke 1–2 Stunden), daß er sich gut ausrollen und weiterverarbeiten läßt.

Blätterteig

Zutaten:
350 g Mehl, 350 g Butter
etwas heißes Salzwasser

250 g Mehl mit Salzwasser verkneten. Die übrigen 100 g Mehl mit der in dünne Scheiben geschnittenen Butter zusammen kneten. Den Butter-Mehl-Teig zu einem dicken Quadrat formen und im Kühlschrank fest werden lassen. 1. Tour: Den Mehl-Salzwasser-Teig zu einem Rechteck auswellen und das gut gekühlte Butterteig-Quadrat in die Mitte des Rechtecks setzen. Die zwei Enden des ausgewellten Teiges werden von rechts und links über den Butterteig gelegt, 10 bis 15 Minuten kalt stellen. 2. Tour: Nach dieser Zeit wird das Teigstück wieder ausgewellt, wobei man darauf achten muß, daß das Butterteigstück bis zu den Rändern reicht. Die entstandene rechteckige Teigplatte schlägt man wieder wie oben zweimal übereinander und stellt den Teig kalt. Dieser Arbeitsvorgang (das Auswellen, das Zusammenschlagen und Kühlstellen) wiederholt sich noch zweimal. Erst bei dem 5. Arbeitsgang kann man den Blätterteig beliebig dick für das vorgesehene Rezept auswellen, wobei noch immer darauf zu achten ist, daß er sehr kalt bleibt. Nur dann geht er beim Backen schön blättrig auf. Das Backblech wird nicht eingefettet, sondern mit kaltem Wasser befeuchtet. Vor dem Backen wird der Teig mit Eigelb bestrichen, wobei nichts über die Ränder laufen darf, weil sonst das Gebäck nicht genügend aufgehen kann. Blätterteig bäckt man bei starker Hitze (ca. 225 Grad je nach Größe 10 bis 20 Minuten).
Blätterteig findet Verwendung bei: Vol-au-vent, Königinpasteten, Cremeschnitten, Apfeltaschen, Wursthörnchen, Pizzas, Böden für pikante Torten und vieles mehr.

Geräte, die Sie beim Kuchenbacken brauchen:

Rührschüssel: aus Pozellan, Steingut oder Plastik mit abgerundetem Boden. Praktisch ist eine Plastikschüssel mit eingelegtem Gummiring, der das Rutschen der Schüssel auf der Tischplatte verhindert.

Waage und Meßbecher: nur genau abgemessene Zutaten garantieren das Gelingen beim Backen.

Holzlöffel: in verschiedenen Größen und mit durchlochtem Blatt.

Schneebesen: zum lockeren Unterheben des Eischnees bei Biskuitteigen.

Schüttelsieb: verhindert Klümpchen in Mehl, Puderzucker und Kakao.

Sieb: zum Abtropfen von Kompott- und Dosenfrüchten.

Teigschaber (mit und ohne Stiel): zum Entfernen des Teigrestes aus der Rührschüssel und zum Glattstreichen der Teigmasse in der Backform.

Nudelholz: zum Auswellen des Teiges.

Backbrett: als Unterlage beim Kneten von Teig, beim Auswellen des Teiges.

Teigrädchen: zum Ausschneiden von Teigstücken.

Backpinsel: zum Ausfetten der Backform, zum Bepinseln der Gebäckstücke mit Glasuren.

Elektrisches Handrührgerät mit Rührbesen und Knethaken: spart Kraft und Zeit beim Rühren und Kneten von Teig.

Backformen: gibt es in vielen Größen und Formen.

Kuchengitter: zum Auskühlen von gestürzten Kuchen.

Messer mit breiter Klinge: zum Glattstreichen des Gusses bei Torten.

Spritzbeutel: zum Garnieren von Torten mit feinen Cremes.

Über das Tiefgefrieren von Backwaren:

So wird Ihr Kuchen „auf Eis gelegt“

Die einfachste Art, jederzeit selbstgebackenen Kuchen im Haus zu haben, ist auf Vorrat gebackenes, tiefgefrorenes Backwerk. Arbeitssparend sind dabei Aluminiumformen, in denen der Kuchen gebacken und eingefroren wird. Zu beachten: Aluminium leitet die Wärme nicht so gut wie Blech. Ein Kuchen in Aluminiumform muß daher auf einer niedrigeren Schiene in den Backofen geschoben werden als im Rezept angegeben ist. Immer nur gut ausgekühlte, sachgemäß luftdicht verpackte Kuchen und Gebäckteile einfrieren!
Sahne- und Buttercremetorten dürfen keine zu feuchte oder Puddingfüllung haben, sonst können beim Auftauen Wassertropfen austreten. Obstkuchen und -torten sollten ohne Belag eingefroren und erst kurz vor dem Servieren mit frischem Obst belegt werden. Eine Cremetorte benötigt zum Auftauen 3–4 Stunden. Ein Tortenboden 1 1/2 bis 2 Stunden, Butterhörnchen ca. 2 Stunden. Wichtig: Aufgetautes Hefegebäck schmeckt feiner und frischer, wenn es 15 Minuten bei 180 Grad aufgebacken wird. Lagerzeit für Torten und Obstkuchen bis zu 3 Monaten. Außerdem können Sie an unverarbeiteten Teigsorten Hefeteig (ungegangen, bis zu 1 Monat), Blätterteig (bis zu 3 Monaten) und Knetteig (bis zu 2 Monaten) in der Tiefkühltruhe lagern.

Temperaturregelung für Gas- und Elektrobacköfen

Gasbackofen in Stufen	1	2	3	4	5	6	7	8
Elektrobackofen in °C	160	180	200	220	240	260	280	300

Kalorien/Joule auf einen Blick

Fett, Ei	Kalorien	Joule
Butter, 100 g	755	3155
Margarine, 100 g	750	3135
Ei, 1	80	334
Eigelb, 1	68	284
Eiweiß, 1	16	66

Milch, Milchprodukte		
Milch, 1/4 l	152	635
Sahne, sauer, 1/4 l	316	1320
Sahne, süß, 1/4 l	754	3151
Sahnequark, 100 g	166	693
Magerquark, 100 g	72	300

Früchte, je 100 g		
Äpfel	52	217
Ananas	57	238
Ananas, Dose	95	397
Aprikosen, Dose	93	388
Bananen	90	376
Birnen	59	246
Birnen, Dose	72	300
Brombeeren	48	200
Erdbeeren	39	163
Heidelbeeren	60	250
Himbeeren	40	167
Johannisbeeren, rot	37	154
Kirschen	57	238
Mandarinen, Dose	87	363
Pfirsiche	46	192
Pfirsiche, Dose	79	330
Pflaumen	53	221
Rhabarber	20	83
Sauerkirschen	50	209

Sauerkirschen, Dose	70	292
Stachelbeeren	44	183
Trauben	74	309
Rosinen	270	1128
Orangen	39	163
Zitronen	15	62

Backwaren, Nährmittel

Baisers, gebacken, 100 g	432	1805
Blätterteig, tiefgekühlt, 100 g	410	1713
Kakao, 50 g	235	982
Mehl, 100 g	368	1538
Mehl, 1 Eßlöffel	37	154
Speisestärke, 100 g	367	1536
Gelatine, 6 Blatt	33	137
Orangeat, Zitronat, 50 g	226	944
Sahnesteif	37	154

Süßwaren, Nüsse

Gelee, 1 Eßlöffel	60	250
Marmelade, 1 Eßlöffel	50	209
Marzipan, 100 g	520	2173
Schokolade, 100 g	563	2353
Vanillinzucker, 1 Päckchen	33	137
Zucker, 100 g	394	1646
Zucker, 1 Eßlöffel	80	334
Cashewnüsse, 100 g	561	2344
Haselnüsse, 100 g	690	2884
Mandeln, 100 g	650	2717
Walnüsse, 100 g	705	2946

Wein, Spirituosen, je 1 Likörglas

Fruchtlikör	85	355
Grand Marnier	85	355
Kirschwasser	60	250
Rum	70	292
Weinbrand	45	188
Weißwein, 1/4 l	154	643

Gefüllter Bienenstich

Pro Stück ca. 360 Kalorien = 1504 Joule
1 Paket Hefeteig (fertige Backmischung), 100 g Butter oder Margarine
150 g geschälte, gehackte Mandeln, 150 g Zucker
1/2 l Milch, 100 g Zucker
1 Prise Salz, 1 Päckchen Vanillepuddingpulver
3 Eigelb, 125 g Butter
2 Eßlöffel Rum

Hefeteig nach Vorschrift bereiten, ausrollen, in eine Springform legen, gehen lassen. Butter oder Margarine, Mandeln, Zucker und 2 Eßlöffel Milch aufkochen und lauwarm auf den Teig streichen. Noch etwas gehen lassen und dann bei 200 Grad etwa 25 Minuten backen. Puddingpulver, wenig Milch und Eigelb verrühren. Milch, Zucker und Salz aufkochen, Puddingpulver hineinrühren und einmal aufkochen. Butter schaumig rühren und die kalte Puddingcreme mit Rum löffelweise hinzufügen. Abgekühlten Bienenstich durchschneiden und füllen. (Foto rechts).

Gugelhupf

Pro Stück ca. 185 Kalorien = 775 Joule
400 g Mehl, 1/4 l Milch
20 g Hefe, 150 g Butter oder Margarine, 100 g Zucker, 3 Eier, 3 Eigelb

Mehl in eine Schüssel sieben, warm stellen. In die erwärmte Milch Hefe bröckeln, verrühren, in die Mitte des Mehls gießen, zu einem leichten Teig anmachen. Teig mit Mehl bestäuben, mit einem Tuch bedecken und warm stellen, gehen lassen. Zerlassenes Fett, Zucker, Eier und Eigelb zu dem Mehl und der Hefe geben und mit dem Knethaken der Küchenmaschine oder eines Handrührgerätes gut verkneten. Der Teig soll dabei Blasen werfen und geschmeidig werden. Den Teig sofort in eine gefettete und mit Mehl ausgestäubte Gugelhupfform füllen, mit einem Tuch abdecken und warm stellen. Wenn der Teig durch das Aufgehen die Gugelhupfform beinahe gefüllt hat, Gugelhupf bei 175 Grad ca. 1 Stunde backen. Zuletzt probiert man mit einem Holzspießchen, ob der Kuchen gar ist. Den Gugelhupf nach Herausnehmen aus dem Backofen aus der Form auf eine Kuchenplatte stürzen und mit Puderzucker bestäuben. (Foto rechts).
Tip: Unter den Gugelhupf können jederzeit Rosinen gemischt werden, auch mit etwas gehackter Zitronenschale kann verfeinert werden.

Tomaten-Pizza

Pro Stück ca. 775 Kalorien = 3239 Joule
Für den Teig: 400 g gesiebtes Mehl, 1 Eßl. Pflanzenfett
1 gestrichener Teelöffel Salz, 1/2 Teelöffel Zucker
25 g Hefe, 1/10 l Wasser
Für den Belag: 3 Zwiebeln
50 g durchwachsener Räucherspeck, 1 kg Tomaten
250 g geriebener Gouda
Salz, schwarzer Pfeffer
1 Teelöffel Oregano, 1 Eßlöffel gehackte Petersilie

Mehl mit Fett, Salz und Zucker mischen. Die Hefe im Wasser auflösen, mit dem Mehlgemisch verrühren, zudecken und 2 Stunden gehen lassen. Mit bemehlten Händen vier 30 cm große Fladen formen. Auf bemehlte Backbleche legen. Zwiebeln und Speck in feine Streifen schneiden und goldgelb dünsten. Tomaten in kochendes Wasser tauchen, abziehen und in Scheiben schneiden. Die Teigfladen mit der Hälfte des Käses bestreuen, mit Tomaten belegen, Zwiebeln und Speck daraufgeben und mit Gewürzen und Käse bestreuen. Bei 275 Grad auf der Unterschiene 15 Minuten backen.

Rodonkuchen

Pro Stück ca. 265 Kalorien = 1107 Joule
200 g Mehl, 40 g Hefe
knapp 1/8 l Milch, 225 g Margarine, 225 g Zucker
1 Prise Salz, abgeriebene Schale von 1 Zitrone
4 Eier, 300 g Mehl, 25 g Butter, 2 Päckchen Vanillinzucker, 25 g Puderzucker

Mehl in eine Schüssel sieben, Hefe in die lauwarme Milch geben, verrühren, mit Mehl zu einem Teig vermischen. Mit etwas Mehl bestäuben und an warmem Platz aufgehen lassen. Margarine, Zucker, Salz und Zitronenschale gut schaumig rühren. Eier nach und nach untermischen. Mehl daraufsieben, alles gut vermischen. Danach mit dem Hefeansatz gut verrühren. In gefettete Napfkuchenform füllen. Im geöffneten Backofen bei 50 Grad 30 Minuten gehen lassen. Auf 180 Grad schalten und 1 Stunde backen. Stürzen, mit zerlassener Butter einpinseln und Vanillinzucker bestreuen. Erkaltet mit Puderzucker bestäuben.

Osterlamm

Insgesamt ca. 550 Kalorien = 2299 Joule
2 Eier, 1 Prise Salz
2 gehäufte Eßlöffel Zucker
1 Päckchen Vanillinzucker
2 gehäufte Eßlöffel Mehl
2 Eßlöffel geschälte geriebene Mandeln
etwas Puderzucker

Eiweiß und Salz zu sehr steifem Schnee schlagen. Zucker und Vanillinzucker dazugeben und das Eigelb darunterziehen. Mehl und Mandeln vorsichtig darunterheben. Eine Lammform einfetten, mit Mehl bestäuben, den Teig hineinfüllen und Form zusammenbinden. Bei 180 Grad im vorgeheizten Backofen etwa 30 Minuten backen. Vorsichtig aus der Form lösen und mit Puderzucker bestäuben. (Foto Seite 20, unten.)

Hefe-Osterhase mit Ei

Mehl in eine Schüssel sieben, Hefe mit etwas Milch und Zucker auflösen und mit etwa 2 Eßlöffel Mehl einen Vorteig herstellen. Vorteig aufgehen lassen, dann den restlichen Zucker, Salz und Margarineflocken zufügen. Teig gut durchkneten, etwas ruhen lassen und in vier Teile teilen. Jeden Teigteil 1/2 cm dick ausrollen, mit einem scharfen Messer die Form von Hasen nach einer Vorlage ausschneiden. Aus den Teigresten 4 Körbchen schneiden. Körbchen um je 1 rohes Ei legen und auf den Bauch eines jeden Hasen setzen. Teigarme mit an das Ei herandrücken. Die Hasen mit Eigelb bestreichen. Auf bemehltem Backblech auf der untersten Stufe im Rohr ca. 35–40 Minuten backen. Während dieser Zeit werden auch die rohen Eier gar. (Foto Seite 20, oben links).

4 Hasen à 470 Kalorien = 1964 Joule
250 g Mehl, 20 g Hefe
knapp 1/8 l Milch
40 g Zucker, 1 Prise Salz
20 g Margarine, 4 rohe Eier
2 Eigelb, 8 Rosinen für die Augen

Christstollen

Mehl in einer Schüssel warm stellen, sieben und in die Mitte eine Vertiefung drücken. Hefe in die Mitte des Mehls bröckeln und mit lauwarmer Milch zu einem Teig verrühren, mit etwas Mehl bestäuben und mit einem Tuch bedeckt in der lauwarmen Röhre ca. 20 Minuten gehen lassen. Salz, Zucker, zerlassene Margarine, Eigelb und Gewürze unter Mehl und Hefevorteig mischen und verkneten. Mandeln und gewaschene und abgetrocknete Sultaninen, Orangeat und Zitronat unter den Teig kneten und diesen zu einer ovalen, ca. 4 cm dicken Platte ausrollen. 1/3 der Teigplatte in der Länge überschlagen, damit die typische Stollenform entsteht. Stollen auf das Blech setzen, bei 50 Grad in die Röhre schieben. Ist der Stollen aufgegangen, die Temperatur auf 190 Grad stellen und ca. 1 Stunde backen. Noch heiß mit zerlassener Butter bepinseln und mit gesiebtem Puderzucker bestäuben. (Foto Seite 20, oben rechts).

Pro Stück ca. 285 Kalorien = 1191 Joule
500 g Mehl, 35 g Hefe
1 Prise Salz, gut 1/8 l Milch
75 g Zucker, 150 g Margarine, 2 Eigelb, etwas abgeriebene Zitronenschale
1/3 Teelöffel Kardamom
175 g geschälte, gehackte oder in Streifen geschnittene Mandeln, 125 g Sultaninen
125 g Orangeat und Zitronat gemischt, 150 g Butter
etwas Puderzucker

Russischer Osterkuchen

Pro Stück ca. 315 Kalorien
= 1316 Joule
375 g Mehl, 50 g Hefe
125 g Zucker, 1/8 l Milch
1 Päckchen Vanillinzucker
1 Ei, 2 Eigelb, 125 g
Margarine, 1 Prise Salz
75 g Sultaninen
10 Maraschinokirschen
2 Beutel gehobelte Mandeln

300 g Mehl in eine Schüssel sieben, Mulde eindrücken. Hefe und 1 Eßlöffel Zucker zugeben, und mit lauwarmer Milch und etwas von dem Mehl, verrühren. Mit Mehl bestäuben und gehen lassen. Zucker, Vanillinzucker, Ei, Eigelb, geschmeidige Margarine, das restliche Mehl und 1 Prise Salz zugeben und einige Minuten kräftig kneten. Gewaschene Sultaninen, gehackte Maraschinokirschen und im Backofen gelb geröstete Mandeln unter den Teig mischen. In gefettete, hohe, runde Backform geben und Teig bei 50 Grad im Backofen gut 1 Stunde gehen lassen. Bei 180 Grad 1 Stunde backen. Abkühlen lassen. Nach Wunsch mit Rum-Zuckerglasur bestreichen. (Foto Seite 21, oben).

Tip: *Für die Rum-Zuckerglasur 250 g Puderzucker mit 1 Eßlöffel heißem Wasser und 3 Eßlöffel Rum verrühren, oder mit je 1 Eßlöffel heißem Wasser, Rum, Zitronen- und Orangensaft.*

Hefezopf

Pro Stück ca. 100 Kalorien
= 418 Joule
500 g Mehl, 25 g Hefe
schwach 1/4 l Milch
50 g Margarine, 50 g Zucker
1 Ei, 1 Prise Salz, 1 Eigelb
1 Eßlöffel Kondensmilch
2 Eßlöffel Hagelzucker
1 Beutel gehobelte Mandeln

Mehl in eine Schüssel sieben. Hefe in die Mitte bröckeln, lauwarme Milch zugießen. Hefe, etwas Mehl und die Milch zu dickem Teig verrühren. Tuch auflegen und gehen lassen. Margarine, Zucker, Ei und Salz zum Teig geben und gut verkneten. Teig im Warmen gehen lassen. 2/3 des Teiges zu drei 40 cm langen, Teigrest zu drei 30 cm langen Rollen formen. Je drei Teigstränge zu Zöpfen flechten. Langen Zopf auf gefettetes Blech legen. Mit Wasser bestreichen. Kurzen Zopf daraufsetzen. Gehen lassen. Eigelb mit Kondensmilch verquirlen. Zopf damit bestreichen, mit Hagelzucker und gehobelten Mandeln bestreuen. Im vorgeheizten Ofen bei 180 Grad 35 Minuten backen. (Foto Seite 21, unten).

Käsekuchen mit Streuseln

Mehl sieben, in die Mitte eine Vertiefung drücken. Hefe mit Milch verrührt in die Mitte gießen, verrühren, mit Mehl bestäuben, zudecken und 1/2 Stunde gehen lassen. Zerlassene Margarine, Zucker und Salz zugeben und den Teig glattkneten. Auf einem Kuchenblech, 35x25 cm breit, ausrollen und bei 50 Grad im etwas offenen Backofen gehen lassen. Eier, Margarine, Zucker und Vanillinzucker schaumig rühren. Zitronenschale und -saft, Quark und Speisestärke hineinrühren. Aus zerlassener Butter, Mehl, Zucker und Zimt Streusel machen. Die Käsecreme auf den Teig streichen und mit Streuseln belegen. Bei 200 Grad im vorgeheizten Ofen 35–45 Minuten backen. (Foto Seite 24, oben).

Pro Stück ca. 310 Kalorien = 1295 Joule
Für den Teig: 250 g Mehl 15 g Hefe, knapp 1/8 l lauwarme Milch, 40 g Margarine, 1 gehäufter Eßl. Zucker, 1 Prise Salz
Für die Käsecreme: 2 Eier 150 g Margarine, 125 g Zucker, 1 Päckchen Vanillinzucker, Schale und Saft von 1 Zitrone, 750 g Magerquark 2 gestrichene Eßl. Speisestärke. – Für die Streusel: 125 g Butter, 200 g Mehl 125 g Zucker, 1/2 Teel. gemahlener Zimt

Apfelschnitten mit Streuseln

2/3 des Mehls in eine Schüssel sieben und in die Mitte eine Vertiefung drücken. Zerbröckelte Hefe, einen Teelöffel Zucker und die Hälfte der lauwarmen Milch in die Vertiefung geben, miteinander verrühren und mit etwas Mehl bestäuben. Teig zugedeckt warm stellen, bis die Mehlschicht starke Risse zeigt. Diesen Vorteig mit etwas Mehl vermischen. Öl in die Milch gießen und dieses Gemisch mit dem übrigen Zucker, Salz und abgeriebener Zitronenschale auf den Mehlrand geben. Alle Zutaten mischen und so lange schlagen, bis der Teig Blasen wirft. Danach den Rest des Mehls darunterkneten. Den Teig ausrollen, auf ein gefettetes Backblech legen und nochmals so lange gehen lassen, bis er sich etwa verdoppelt hat, locker und elastisch ist. Für den Belag: Äpfel schälen, entkernen und in dicke Scheiben schneiden. – Für die Streusel: Mehl mit Zucker und Zimt vermischen. Fett zerlassen und abgekühlt, aber noch flüssig zum Mehl geben. Alles gut verkneten, bis sich Streusel bilden. Teigboden mit Semmelbröseln bestreuen, mit Apfelscheiben belegen und die Streusel darübergeben. 30 Minuten im vorgeheizten Ofen bei ca. 210 Grad backen. (Foto Seite 24, unten).

Pro Stück ca. 310 Kalorien = 1295 Joule
Für den Teig: 500 g Mehl 30 g Hefe, 80 g Zucker knapp 1/4 l Milch 8 Eßlöffel Pflanzenöl 1/2 gestrichener Teelöffel Salz, etwas abgeriebene Zitronenschale
Für den Belag: Semmelbrösel 1 1/2 kg Äpfel
Für die Streusel: 350 g Mehl 200 g Zucker, etwas Zimt 200 g Butter oder je 100 g Butter und Margarine

Englischer Cake

Pro Stück ca. 315 Kalorien = 1316 Joule
Je 75 g Korinthen, Orangeat Zitronat, Haselnüsse kandierte Kirschen und getrocknete Aprikosen
2 Eßlöffel Rum, 50 g Mehl
je 250 g Butter oder Margarine und Puderzucker
4 Eier, 250 g Mehl, 50 g Speisestärke, 1 gestrichener Teelöffel Backpulver

Korinthen, Orangeat, Zitronat, grobgehackte Haselnüsse, in Scheiben geschnittene Kirschen und in 1 cm große Würfel geschnittene Aprikosen mit Rum vermischen und mit 50 g Mehl bestäuben. Butter oder Margarine mit Puderzucker schaumig rühren, Eier dabei einzeln hinzufügen. 250 g Mehl mit Speisestärke und Backpulver mischen und zum Teig rühren. Die Trockenfrüchte locker unterheben und denTeig in eine ausgefettete, mit Mehl bestäubte Kastenform füllen. In den auf 175 Grad erhitzten Backofen stellen und 70 bis 75 Minuten backen. (Foto Seite 25, oben links).

Zwiebelkuchen mit Hefeteig

Pro Stück ca. 215 Kalorien = 633 Joule
Für den Teig: 1/8 l Milch
1 Päckchen Dauerbackhefe oder 25 g Hefe
1/2 gestrichener Teelöffel Zucker, 75 g Margarine
250 g Mehl, 1 Prise Salz
Für die Füllung: 6 große Zwiebeln, Butter oder Margarine, 1 Becher Joghurt
1 Becher saure Sahne
3 Eier, gemahlener Kümmel Pfeffer, Edelsüß-Paprika Salz, ca. 1 Teel. Speisestärke

Für den Teig: Milch erwärmen. Dauerbackhefe und Zucker mit 5 Eßlöffel warmer Milch gut verrühren. Mit einem Tuch bedeckt in ca. 15 Minuten aufgehen lassen. Milch, Hefe und zerlassene Margarine zum Mehl geben. Gut durchkneten. Mit einem Tuch bedeckt bei 50 Grad im geöffneten Backofen etwa 1 Stunde gehen lassen. Für die Füllung: Zwiebeln schälen, in Streifen schneiden und in 75 g Butter oder Margarine etwa 30 Minuten dünsten. Kalt stellen. Dann mit Kümmel, Pfeffer, Edelsüß-Paprika, Speisestärke etc. vermischen. Mehl auf ein Backbrett streuen, Hefeteig zu einer Kugel formen. Auf das Backbrett geben. Hefeteig mit dem Nudelholz zu einer ca. 1/2 cm dicken, runden Platte ausrollen. Teigplatte mit etwas Mehl bestäuben, einmal zusammenfalten, so daß ein Halbkreis entsteht. Nochmal zusammenfalten, so daß ein Viertelkreis entsteht. Teig vorsichtig aufs gefettete Blech legen. Auseinanderfalten, Teig andrücken, überstehenden Rand abschneiden. Teigrand rundherum fest andrücken. Zwiebelmasse auf den Hefeteig füllen. Zwiebelkuchen auf der mittleren Schiene im vorgeheizten Backofen bei 220 Grad 30 Minuten backen. (Foto Seite 25, unten).

Lothringer Specktorte

Den Blätterteig nach Vorschrift auftauen lassen, rund auswellen und ein Kuchenblech mit Rand damit auslegen, mit einer Gabel den Teigboden mehrmals einstechen. Den Kuchenboden mit Käse- und Speckscheiben belegen und mit Milch, Eiern, Mehl und Gewürzen, alles gut verquirlt, übergießen. Bei 250 Grad in ca. 25 Minuten backen. Die Lothringer Specktorte warm servieren.

Pro Stück ca. 400 Kalorien
= 1672 Joule
1 Paket Tiefkühl-Blätterteig
250 g Emmentaler Käse
in Scheiben, 125 g Schinkenspeckscheiben, 3/8 l Milch
3 Eier, 1 Eßlöffel Mehl
Pfeffer, Muskat

Lauchtorte

Mehl, Margarine und Salz verrühren. 1 Ei schnell unterkneten und Teig 1–2 Stunden kalt stellen. Teig danach rund auswellen und rundes Kuchenblech damit auslegen. 2 Eier hartkochen, den Lauch in Streifen schneiden. In Butter, Aromat oder Fondor, Salz und 1/2 Tasse Wasser 5 Minuten dünsten und abtropfen lassen. Joghurt, Sahne, Speisestärke, Pfeffer, Muskat und 2 rohe Eier unter den abgekühlten Lauch mischen. In den Tortenboden füllen. Mit Speckwürfeln und dem geriebenen Käse bestreuen, mit den halbierten Eiern belegen und bei 200 Grad 50 Minuten backen.

Pro Stück ca. 265 Kalorien
= 1107 Joule
250 g Mehl, 125 g Margarine
1 Prise Salz, 5 Eier
5–8 Stangen Lauch
(ca. 1,2 kg), 1 Eßlöffel Butter
1 Teelöffel Aromat
oder Fondor, Salz
1 Becher Joghurt, 1/8 l saure Sahne, 3 gehäufte Teelöffel Speisestärke, Pfeffer
Muskat, 25 g Räucherspeck
25 g geriebener Käse

Blätterteig-Schokoladenroulade

Mehl auf ein Backbrett sieben und in die Mitte eine Vertiefung drücken. Quark in einem Tuch fest ausdrücken und mit Butter- oder Margarineflöckchen, Salz und Zucker in die Mitte geben. Alles gut miteinander vermischen und möglichst über Nacht kalt stellen. Bei der Zubereitung wird der Teig messerdünn ausgerollt, mit Biskuitbröseln und zerkrümelter Schokolade oder Schokoladenhagel, sowie gehobelten und gerösteten Mandeln, einigen Tropfen Kakao-Nuß-Likör, Zucker und nußbraun zerlassener Butter bedeckt und zusammengerollt. Den Strudel mit geschlagenem Eigelb bestreichen und bei 180 Grad ca. 25 Minuten backen. (Foto Seite 25, oben rechts).

Pro Stück ca. 180 Kalorien
= 752 Joule
100 g Mehl, 125 g Quark
100 g Butter oder Margarine
je 1 Prise Salz und Zucker
100 g Biskuitbrösel
100 g geriebene Schokolade
oder Schokoladenhagel
50 g Mandeln, einige
Tropfen Kakaolikör
50 g Butter, 1 Eigelb

Rosenkuchen

Pro Stück ca. 420 Kalorien
= 1755 Joule
Für den Teig: 325 g Mehl
20 g Hefe, knapp 1/8 l
lauwarme Milch, 50 g
Zucker, 1 Prise Salz
75 g zerlassene Butter oder
Margarine, 1 Ei
Für die Füllung: 175 g gehackte Haselnüsse, 50 g eingeweichte Sultaninen, abgeriebene Schale 1 Zitrone
1 Päckchen Vanillinzucker
75 g Zucker, 1 Ei, 2 Eßl. Rum
Aprikosenmarmelade

Mehl in eine Schüssel sieben. Hefe, mit Milch verrührt, in die Mitte gießen. Mit Mehl bestäuben und zugedeckt gehen lassen, bis die Hefe rissig ist. Zucker, Salz, Fett und Ei dazugeben und rühren, bis der Teig glatt ist. Dann ausrollen, in 3 cm breite Streifen schneiden, mit der Füllung (alle Zutaten einfach mischen) bestreichen, aufrollen und in eine gefettete Springform setzen. Bei 50 Grad im etwas geöffneten Backofen 30 Minuten gehen lassen, bei 200 Grad 30 Minuten backen. Abkühlen lassen und mit erwärmter Aprikosenmarmelade bepinseln oder mit Puderzuckerglasur bestreichen. (Foto rechts).

Klassischer Sandkuchen

Pro Stück ca. 265 Kalorien
= 1107 Joule
250 g Butter oder Margarine
250 g Zucker, 2 Eier
2 Eigelb, abgeriebene Schale von 1 Zitrone, 250 g Speisestärke, 50 g Mehl
1/2 Päckchen Backpulver
Puderzucker

Das geschmeidige Fett schaumig rühren und nach und nach Zucker, Eier und Eigelb mit abgeriebener Zitronenschale unterarbeiten. Zuletzt die mit Mehl und Backpulver gesiebte Speisestärke eßlöffelweise beifügen. Teig in gefetteter Kastenform bei 180 Grad knapp 1 Stunde lang backen. Nach 1/4 Stunde Backzeit die Oberfläche des Kuchens längs mit einem feuchten Messer einschneiden. Mit Puderzucker bestäuben.

Butterkuchen

Pro Stück ca. 210 Kalorien
= 877 Joule
Für den Teig: 60 g Hefe
schwach 1/4 l Milch
200 g Mehl, 400 g Mehl
50 g Zucker, 3 Eigelb, 150 g
Butter oder Margarine
1 Prise Salz, abgeriebene
Schale von 1 Zitrone
Für den Belag: 200 g Butter
150 g Zucker, 2 Päckchen
Vanillinzucker

Hefe mit lauwarmer Milch verrühren. 200 g Mehl einrühren. Teig warm stellen und aufgehen lassen. 400 g Mehl in Schüssel sieben. Mit Zucker, Eigelb, geschmeidigem Fett, Salz, Zitronenschale und der angesetzten Hefe gut verkneten, bis sich der Teig von der Schüssel löst. Teig auf ein rechteckiges Kuchenblech geben, ausrollen. Gehen lassen. Dann mit Butterstückchen belegen, mit Zucker und Vanillinzucker bestreuen. Backofen auf 200 Grad vorheizen. Pfännchen mit heißem Wasser hineinstellen: Wasserdampf macht den Kuchen locker. Blech in die Mitte schieben und ca. 25 Minuten backen. (Foto rechts).

Hefemandelkranz

Pro Stück ca. 270 Kalorien
= 1128 Joule
Für den Teig: 375 g Mehl
25 g Hefe, 60 g Zucker
reichlich 1/8 l lauwarme
Milch, Salz, 6 Eßlöffel
Mais-Keimöl
Für die Füllung: 200 g
abgezogene Mandeln
125 g Zucker, 1 Päckchen
Vanillinzucker, 5 Eßlöffel
Milch oder Dosenmilch
50 g Rosinen, 50 g Zitronat
Für den Guß: 150 g Puder-
zucker, 2–3 Eßlöffel Wasser

Das Mehl in eine Schüssel geben, in die Mitte eine Vertiefung drücken, die Hefe hineinbröckeln und mit einem Teelöffel Zucker, etwas lauwarmer Milch und etwas Mehl zu einem Vorteig verrühren. Mehl darüberstäuben und den Hefevorteig so lange an einem warmen Ort gehen lassen, bis er sich verdoppelt hat. Danach den Hefevorteig zuerst mit etwas Mehl verrühren und mit den restlichen Zutaten so lange kneten, bis sich der Teig vom Schüsselboden löst. Den Hefeteig gehen lassen. Für die Füllung die abgezogenen Mandeln fein zerkleinern. Die zerkleinerten Mandeln, Zucker, Vanillinzucker und Milch verrühren. Den Teig zu einem Rechteck von 30×40 cm ausrollen, die Füllung daraufstreichen, Rosinen und in Würfel geschnittenes Zitronat darüberstreuen. Den Teig in der Breite aufrollen und zu einem Kranz formen. Den Kranz an der äußeren Seite in fingerbreiten Abständen einschneiden, die eingeschnittenen Teile etwas drehen und schuppenartig übereinanderlegen. Den Kranz gehen lassen und bei guter Mittelhitze (ca. 210 Grad) etwa 35 Minuten backen. Den Mandelkranz nach dem Backen mit Guß überziehen. Für den Guß Puderzucker und Wasser gut miteinander verrühren.

Nußkranz

Pro Stück ca. 220 Kalorien
= 919 Joule
300 g Mehl, 20 g Hefe
knapp 1/8 l Milch, 50 g
Butter oder Margarine
50 g Zucker, 1 Prise Salz
abgeriebene Schale von
1 Zitrone
Für die Füllung: 200 g Hasel-
nüsse, 100 g Zucker
2 Päckchen Vanillinzucker
1/2 Teelöffel Zimt
4 Eßlöffel Kondensmilch

Mehl in eine Schüssel sieben, die Hefe in die Mitte bröckeln und mit der lauwarmen Milch und etwas Mehl verrühren. Den Hefevorteig mit Mehl bestäuben und am warmen Ort aufgehen lassen. Zerlassenes Fett, Zucker, Salz und abgeriebene Zitronenschale gut unterrühren und so lange kneten, bis sich der Teig von der Schüssel löst. Den Hefeteig zu einer rechteckigen Platte ausrollen und füllen. Für die Füllung: Haselnüsse in der Backröhre kurz rösten, mahlen und mit Zucker, Vanillinzucker, Zimt und Kondensmilch mischen. Die Teigplatte zusammenrollen und in eine gefettete, mit einigen Haselnüssen ausgestreute Ringform mit der Naht nach innen legen. Den Teig gehen lassen und danach bei 180 Grad ca. 40 Minuten backen. Der ausgekühlte Nußkranz kann mit Zuckerglasur bestrichen werden.

Prasselkuchen

Für den Teig: Die Margarine in 2 cm große Stückchen teilen und kalt stellen. Mehl mit Backpulver auf ein Backbrett sieben. In die Mitte das Ei, den Zucker und 1 Prise Salz geben und mit etwas Mehl zu einem Teig verarbeiten. Die kalte Margarine darauflegen und alles schnell von der Mitte aus zu einem glatten Teig kneten. Auf gefettetem Backblech ausrollen. Mit Aprikosen-Konfitüre bestreichen. Darüber die Streusel streuen. Kuchen im vorgeheizten Backofen bei 200 Grad 25 Minuten backen. Danach in Rechtecke schneiden und mit gesiebtem Puderzucker bestäuben. Für die Streusel: Butter in eine Schüssel geben und im warmen Wasserbad geschmeidig werden lassen. Mehl dazusieben, Zucker, Zimt und Vanillinzucker beifügen und mit dem Schneebesen verrühren, bis Streusel entstehen. Eventuell 1 bis 2 Eßlöffel Rum untermischen.

Pro Stück ca. 300 Kalorien = 1254 Joule
Für den Teig: 200 g Margarine, 350 g Mehl
2 gestrichene Teelöffel Backpulver, 1 Ei, 100 g Zucker, 1 Prise Salz
Für den Belag: 1/2 Glas Aprikosenmarmelade
Für die Streusel: 150 g Butter, 300 g Mehl, 150 g Zucker, 1 Teelöffel Zimt
1 Päckchen Vanillinzucker
1–2 Eßlöffel Rum

Marmorkuchen

Butter oder Margarine, Zucker und Vanillinzucker gut schaumig rühren, die Eier dabei einzeln hinzufügen. Das Mehl mit Backpulver und Mandeln mischen und löffelweise unter die Buttercreme rühren. Dann die Milch nach und nach zugeben. 2/3 des Teiges in eine ausgefettete Napfkuchenform füllen und den restlichen Teig mit Kakao, Zucker, Zimt und 3–4 Eßlöffel Milch verrühren. Auf den hellen Kuchenteig geben und mit einer Gabel leicht darunterziehen. Den Kuchen bei 175 Grad in den Backofen stellen und etwa 50 bis 60 Minuten backen. Tip: Bleibt an einem in den Kuchen gesteckten Hölzchen kein Teig mehr hängen, ist der Kuchen fertig gebacken.

Pro Stück ca. 360 Kalorien = 1504 Joule
225 g Butter oder Margarine
250 g Zucker, 1 Päckchen Vanillinzucker, 5–6 Eier
450 g Mehl, 1 Päckchen Backpulver, 50 g gemahlene Mandeln, knapp 1/8 l Milch
3 gehäufte Eßlöffel Kakao
2 gehäufte Eßlöffel Zucker
1 Löffelspitze Zimt
3–4 Eßlöffel Milch

Elsässer Apfelkuchen

Pro Stück ca. 260 Kalorien = 1086 Joule
125 g Butter oder Margarine
1 Eßlöffel Zucker, 1 Prise Salz, 250 g Mehl, knapp 1/8 l Wasser oder Weißwein
1 kg Äpfel, 1 Eßlöffel Zucker
2 Eier, 2 Päckchen Vanillinzucker, abgeriebene Schale von 1 Zitrone, etwa 1/4 l saure Sahne, 50 g Zucker

Fett, Zucker und Salz schaumig rühren, gesiebtes Mehl daruntermischen. Wasser oder Weißwein dazurühren und den Teig 1/2 Stunde kühl stellen. Teig zu einer runden Platte (35 cm ∅) ausrollen, in eine gefettete Springform (28 cm ∅) legen, den Rand andrücken und die Form kühl stellen. Äpfel schälen, halbieren, entkernen und die Rundungen mit dem Messer einritzen. Auf den Teigboden setzen, mit 1 Eßlöffel Zucker bestreuen und bei 225 Grad 30 Minuten backen. Eier, Vanillinzucker, Zitronenschale und Zucker schaumig rühren, Sahne darunterrühren, auf den Kuchen geben und noch etwa 10 Minuten backen. (Foto rechts).

Tip: *Der französische Apfelkuchen wird warm gegessen und eignet sich daher ausgezeichnet als gehaltvolles Dessert nach einem leichten Essen.*

Französischer Apfelkuchen

Pro Stück ca. 270 Kalorien = 1128 Joule
75 g Margarine, 75 g Zucker
1 Päckchen Vanillinzucker
1 Ei, 1 Prise Salz, 200 g Mehl, 1 1/2 kg Äpfel, 50 g Butter, 100 g Zucker

Margarine, Zucker, Vanillinzucker, Ei und Salz schaumig rühren. Das Mehl schnell unterkneten und den Teig 1 Stunde kalt stellen. Äpfel schälen, vierteln und entkernen. Butter in rundes Kuchenblech (29 cm ∅) geben, auf Kochplatte stellen, aufschäumen lassen, vom Herd nehmen. Zucker einstreuen, Äpfel einlegen. Im vorgeheizten Backofen bei 180 Grad 20 Minuten backen. Backofen auf 220 Grad stellen. Runde Teigplatte auf die Äpfel decken, noch 20 Minuten backen. Die letzten 10 Minuten Kuchen mit Alufolie abdecken. Blech 10 Minuten auf ein nasses Tuch stellen, kurz in den Backofen zurückgeben. Der Französische Apfelkuchen läßt sich leicht stürzen und wird warm serviert. (Foto rechts).

Apfelstrudel

Pro Stück ca. 225 Kalorien
= 940 Joule
Für den Teig: 250 g Mehl
1 Ei, 2 Teelöffel Öl, 1 Prise
Salz, 1 Teelöffel Zitronensaft
schwach 1/8 l warmes Wasser
Für die Füllung: 1 Tasse
Semmelbrösel, 1/2 Tasse
geriebene Mandeln, 2 Eßlöffel Butter oder Margarine
1 1/2 kg Äpfel, geschält und
in Spalten geschnitten
3 Eßlöffel Rum, 1/2 Teelöffel Zimt, 1 Päckchen
Vanillinzucker, 3 Eßlöffel
Zucker, etwas abgeriebene
Zitronenschale, 1 Tasse
Sultaninen, gewaschen
etwas Milch, Puderzucker

Die Zutaten für den Teig gut miteinander verkneten, bis ein sich seidig anfühlender Teig entsteht. Diesen ca. 1/2 Stunde mit einer warmen Schüssel bedeckt ruhen lassen, dann auf einem bemehlten Tuch etwas auswellen und zuletzt mit den Händen gleichmäßig dünn ausziehen. Für die Füllung: Semmelbrösel und die geriebenen Mandeln in dem Fett goldgelb rösten und gleichmäßig auf dem ausgezogenen Teig verteilen; die Ränder dabei frei lassen. Die in Spalten geschnittenen Äpfel mit Rum, Zimt, Vanillinzucker, Zucker, abgeriebener Zitronenschale und den gewaschenen Sultaninen gut mischen und ebenfalls auf das Teigblatt streuen. Das Tuch der Länge nach gleichmäßig anheben, so daß sich der Teig locker zusammenrollt. Den eingerollten Strudel vorsichtig mit beiden Händen vom Tuch auf ein gefettetes Backblech heben, mit Milch bestreichen und bei 175 Grad ca. 40 Minuten backen. Vor dem Servieren den Strudel reichlich mit gesiebtem Puderzucker bestäuben. Tip: Apfelstrudel wird kalt oder warm zu Kaffee oder Tee gegessen.

Bananenkuchen

Pro Stück ca. 285 Kalorien
= 1191 Joule
Für den Teig: 125 g Butter
oder Margarine, 125 g
Zucker, 3 Eier, 3 Eßlöffel
Rum, 250 g Mehl, 1 gestrichener Teelöffel Backpulver
1 Prise Salz, 1/8 l Milch
7 Bananen
Für den Guß: 2 Eßlöffel
Puderzucker, 1 Eßlöffel Rum

Für den Teig: Das Fett schaumig rühren, Zucker, Eier, Rum nach und nach dazugeben. Das Mehl mit Backpulver und Salz mischen, in den Teig sieben und nach Bedarf Milch zufügen. Eine runde Backform einfetten, den Teig hineingeben, gleichmäßig verteilen. 5 Bananen schälen und im Ganzen sternförmig auf den Teig legen; durch das Aufgehen des Teiges rutschen die Bananen in den Kuchen. Bei Mittelhitze von ca. 180 Grad 30 bis 35 Minuten backen. Den Puderzucker mit dem Rum glattrühren und auf die warme Kuchenoberfläche aufstreichen. Aus den restlichen Bananen dünne Scheiben schneiden und den Kuchenrand damit belegen. Etwas Guß über die Bananenscheiben streichen, damit sie sich nicht dunkel verfärben.

Apfel-Pie

Mehl, Fett und Salz mit einer Gabel zu Streuseln verarbeiten. Eiswasser untermischen, nur kurz verkneten und sofort eine etwas größere und eine kleinere Teigplatte auswellen. Eine Obsttortenform mit der größeren Teigplatte auslegen, den Teigboden mehrmals mit einer Gabel einstechen. Äpfel schälen, entkernen, in kleine Spalten schneiden. Dann mit Zitronenschale, -saft, Zucker, Vanillinzucker, Zimt und Ingwer, Sultaninen und Speisestärke gut mischen. Alles auf den Teigboden füllen, mit der kleineren Teigplatte belegen und die Ränder fest andrücken. Apfel-Pie bei 200 Grad ca. 40 Minuten backen. Noch heiß mit erhitzter Aprikosenmarmelade bepinseln und den abgekühlten Kuchen mit Puderzucker, mit heißem Wasser verrührt, bestreichen. Diesen Apfelkuchen heiß servieren. (Foto Seite 36, oben).

Pro Stück ca. 280 Kalorien = 1170 Joule
250 g Mehl, 175 g Butter
1 Prise Salz, 6 Eßlöffel Eiswasser, gut 750 g mürbe Äpfel, Saft und Schale von 1 Zitrone, 2 gehäufte Eßlöffel Zucker, 1 Päckchen Vanillinzucker
je 1 Löffelspitze Zimt und Ingwer, 50 g Sultaninen
2 gehäufte Teelöffel Speisestärke, Aprikosenmarmelade, Puderzucker

---

Tip: *In England – der Heimat des Apfel-Pie – wird der warme Kuchen gern zum Nachtisch serviert. Zur geschmacklichen Verfeinerung gibt man dort noch eine Portion Vanilleeis auf den Kuchen.*

Westfälischer Apfelkuchen

Äpfel schälen, entkernen und in Spalten schneiden. Mehl und Backpulver sieben. Margarine, Zucker, Vanillinzucker und Zitronenschale gut schaumig rühren, Eier und Milch nach und nach unterschlagen. Löffelweise Mehl und Mandeln unter den Teig mischen. Teig in eine gefettete Springform füllen, Äpfel darauf verteilen und bei 200 Grad 40 Minuten backen. Den Kuchen herausnehmen und mit zerlassener Butter bepinseln. Zuletzt mit feinem Zucker bestreuen. (Foto Seite 36, unten).

Pro Stück ca. 295 Kalorien = 1233 Joule
750 g Äpfel, 200 g Mehl
2 gestrichene Teelöffel Backpulver, 150 g Margarine, 100 g Zucker
1 Päckchen Vanillinzucker
abgeriebene Schale von 1 Zitrone, 4 Eier, 4 Eßlöffel Milch, 50 g geriebene Mandeln, 10 g Butter
1 gehäufter Eßlöffel Zucker

Sauerkirschkuchen mit Mandelteig

Pro Stück ca. 330 Kalorien = 1379 Joule
Für den Teig: 200 g Mehl
200 g Margarine, 80 g Mandeln, 100 g Zucker
2 Eiweiß, je 1 Löffelspitze Zimt und Nelken
Für den Belag: 50 g Semmelbrösel, 500 g Sauerkirschen
1 Päckchen klarer Tortenguß
1/4 l Kirschsaft, 2 1/2 Eßl. Zucker, etwas Hagelzucker

Aus gesiebtem Mehl, geschmeidiger Margarine, gemahlenen Mandeln, Zucker, Eiweiß, Zimt und Nelken einen Teig bereiten. Teig in eine gefettete Springform mit Rand legen. Teigboden mit der Gabel einige Male einstechen, mit den Bröseln bestreuen, mit den gut abgetropften, gedünsteten Kirschen belegen. Kuchen bei Mittelhitze etwa 40 Minuten backen. Danach den Kuchen mit dem aus Saft und Zucker bereiteten Tortenguß begießen, erkalten lassen und den Rand mit Hagelzucker bestreuen. (Foto Seite 37, oben).

Erdbeer-Meringen-Torte

Pro Stück ca. 160 Kalorien = 668 Joule
1 Tortenboden, 3 Eßlöffel rote Marmelade, 500 g Erdbeeren, Saft von 1/4 Zitrone, 2 Päckchen Vanillinzucker, nach Wunsch 1 Likörglas Orangenlikör oder Curaçao, 3 Eiweiß
1 Prise Salz, etwas Zitronensaft, 150 g Puderzucker

Den Tortenboden mit Marmelade bestreichen. Erdbeeren mit Zitronensaft, Vanillinzucker, Orangenlikör oder Curaçao marinieren, auf den Tortenboden geben. Einige schöne Erdbeeren zur Verzierung zurücklassen. Eiweiß mit Salz und Zitronensaft zu steifem Schnee schlagen und danach den Puderzucker kurz, aber kräftig unterrühren. Mit dieser Meringenmasse die Torte bespritzen, mit gesiebtem Puderzucker bestäuben und bei Oberhitze in der Röhre goldgelb überbacken. Zuletzt mit frischen, ungezuckerten Erdbeeren hübsch garnieren.

Warmer Kirschenkuchen

Pro Stück ca. 290 Kalorien = 1212 Joule
6 Eigelb, 100 g Butter
3 Eßlöffel Zucker, 1 Eßlöffel Kakao, 1/2 Teelöffel Zimt etwas Muskat, 300 g Biskuit- oder Kuchenbrösel oder geriebenes Brot, ca. 1/8 l Kirschsaft oder Weißwein
1 Likörglas Kirschwasser
6 Eiweiß, 3 Eßlöffel Zucker
1 kg Kirschen

Eigelb, Butter und Zucker schaumig rühren und Kakao, Zimt und Muskat daruntergeben. Brösel mit Kirschsaft oder Weißwein und Kirschwasser befeuchten. Eiweiß zu Schnee schlagen und zuletzt den Zucker unterschlagen. Brösel zu der Eigelbmasse rühren, die nicht entsteinten Kirschen daruntermischen. Zuletzt den Schnee leicht unterheben und diese Masse in eine gut gefettete und mit Bröseln ausgestreute Springform füllen. Backzeit: 10 Minuten bei 200 Grad, 50 Minuten bei 180 Grad auf der Unterschiene. Warm servieren. (Foto Seite 37, unten).

Kirschenstrudel

Für den Teig: Fett, Ei, Zucker und Vanillinzucker gut schaumig rühren, das mit Backpulver gesiebte Mehl untermischen und den Teig 30 Minuten kalt stellen. Danach zu einer Teigplatte ausrollen. Für die Füllung: Die entsteinten Kirschen mit Zitronenschale, Zimt, Zucker und Wasser 5 Minuten dünsten und gut abtropfen lassen. Die Teigplatte mit in Butter gebräunten Semmelbröseln bestreuen und die Kirschen darauf verteilen, danach zu einer Rolle formen, auf ein Backblech legen und mit Eigelb bepinseln. Den Kirschenstrudel bei 180 Grad ca. 1 Stunde backen.

Pro Stück ca. 290 Kalorien = 1212 Joule
Für den Teig: 125 g Butter oder Margarine, 1 Ei 100 g Zucker, 1 Päckchen Vanillinzucker, 1/2 Päckchen Backpulver, 250 g Mehl
Für die Füllung: 750 g Kirschen, ein Stück Zitronenschale, etwas Zimt, 100 g Zucker, 1/4 l Wasser, 1 Eßl. Butter oder Margarine, 2 Eßl. frische Semmelbrösel
1 Eigelb

Quark-Rhabarber-Kuchen

Für den Teig: Fett schaumig rühren und Vanillinzucker dazugeben. Abwechselnd Zucker, Eier und das Gemisch aus Speisestärke, Mehl und Backpulver darunterrühren. Den Teig auf ein gefettetes Backblech streichen und etwa 15 Minuten bei Mittelhitze (ca. 180 Grad) backen. In der Zwischenzeit für den Belag Rhabarber in kleine Stücke schneiden. Fett, Zucker, Vanillinzucker und Eier schaumig rühren, zuerst den Quark, dann das Gemisch aus Speisestärke und Backpulver, zuletzt den Rhabarber daruntermischen. Den Belag auf die Teigplatte streichen und den Kuchen in etwa 70–80 Minuten bei Mittelhitze fertig backen.

Pro Stück ca. 340 Kalorien = 1421 Joule
Für den Teig: 125 g Butter oder Margarine, 1 Päckchen Vanillinzucker, 125 g Zucker, 2 Eier, 50 g Speisestärke, 175 g Mehl, 1 gestrichener Teel. Backpulver
Für den Belag: 1 kg Rhabarber, 150 g Butter, 200 g Zucker, 2 Päckchen Vanillinzucker, 2 Eier, 750 g Speisequark, 125 g Speisestärke 2 gestr. Teel. Backpulver

Aprikosen-Meringen-Torte

Den Tortenboden mit Aprikosenlikör beträufeln und mit den abgetropften Aprikosen belegen. Den Tortenguß mit Aprikosensirup bereiten und die Aprikosen damit überpinseln. Eiweiß mit Zitronensaft und Salz zu Schnee schlagen, Zucker unterschlagen. Torte mit Eischnee garnieren und kurz in der Röhre oder unter dem Grill bei starker Oberhitze überbacken.

Pro Stück ca. 100 Kalorien = 418 Joule
1 Tortenboden, 1 Likörglas Aprikosenlikör, 1 Dose Aprikosen, 3 Eiweiß
1 Teel. Zitronensaft, Salz
3 gehäufte Eßlöffel Zucker
1 Päckchen Tortenguß

Erdbeertorte

Pro Stück ca. 290 Kalorien = 1212 Joule
Für den Tortenboden: 3 Eier 1 Prise Salz, 100 g Zucker 100 g abgezogene, gemahlene Mandeln, 1 Eßlöffel Paniermehl. – Für die Creme: 1/2 l süße Sahne, 2 Päckchen Vanillinzucker, 2 Eßlöffel Zucker, ca. 1 kg Erdbeeren oder 2 Packungen tiefgekühlte Erdbeeren, Saft von 1/4 Zitrone, 6 Blatt helle Gelatine, 1 Päckchen Sahnesteif, einige Pistazien

Für den Tortenboden: Das Eiweiß mit Salz zu steifem Schnee schlagen, zuletzt 50 g Zucker unterschlagen, Eigelb mit Zuckerrest schaumig rühren. Eischnee, Mandeln und Paniermehl vorsichtig unterheben. Die Masse in gefetteter und bemehlter Form bei 170 Grad ca. 45 Minuten backen. Für die Creme: 3/8 l Sahne steifschlagen, Vanillinzucker, Zucker und die mit einer Gabel zerdrückten Erdbeeren (einige schöne Beeren zur Garnitur zurücklassen) und Zitronensaft unterrühren. Die kalt eingeweichte, mit 1–2 Eßlöffel heißem Wasser aufgelöste Gelatine fest unter die Creme schlagen, den Tortenboden damit bestreichen. Den Rand mit der restlichen, mit Sahnesteif geschlagenen Sahne und mit Pistazien und Beeren garnieren. (Foto rechts).

Tip: *Kokosraspel können Sie kaufen oder selbstmachen: Harte Schale von der Kokosnuß entfernen, Fruchtfleisch langfaserig reiben. Im heißen Backofen oder unterm Grill kurze Zeit rösten.*

Kirschenkuchen mit Eischnee

Pro Stück ca. 270 Kalorien = 1128 Joule
Für den Teig: 250 g Mehl 125 g Puderzucker, 125 g Margarine, Salz, Muskat 1 Eßlöffel Kuchen- oder Semmelbrösel
Für den Belag: 500 g Kirschen, 2 Eßl. geröstete Kokosraspel, 2 Eßl. Zimt-Zucker
Für die Garnitur: 1 Eiweiß 2 Eßlöffel Zucker, 2 Eßlöffel geröstete Kokosraspel

Aus dem gesiebten Mehl, dem gesiebten Puderzucker, kalten Margarinestückchen, etwas Salz und Muskat einen Mürbeteig bereiten und ihn einige Zeit kalt stellen. Den Teig auswellen, auf ein gefettetes Kuchenblech legen, mit der Gabel einstechen und mit Bröseln bestreuen. Den Boden mit frischen, entsteinten Kirschen belegen, diese mit gerösteten Kokosraspeln und Zimt-Zucker bestreuen und den Kuchen 20 Minuten im mittelheißen Rohr backen. Für die Garnitur das Eiweiß mit Zucker zu einem festen Schnee schlagen, mit gerösteten Kokosraspeln vermischen und nach der angegebenen Backzeit portionsweise locker auf den Kuchen geben. Danach den Kuchen nochmals 10 Minuten überbacken und erkalten lassen. (Foto rechts).

Rührkuchen mit Ananas oder Kirschen

Pro Stück ca. 230 Kalorien = 961 Joule
Für den Teig: 150 g Butter oder Margarine, abgeriebene Zitronenschale, 150 g Zucker, 1 Päckchen Vanillinzucker, 2 Eier 1/3 Tasse Milch, 200 g Mehl, 1/2 Päckchen Backpulver, 100 g geschälte, gemahlene Mandeln. Für den Belag: 1/2 Dose Ananas oder Kirschen, 1 Beutel Tortenguß, Saft von 1/2 Zitrone, 1 Päckchen Vanillinzucker, 2 Eßl. Zucker

Für den Teig: Fett mit Zitronenschale, Zucker und Vanillinzucker schaumig rühren, Eier, Milch, gesiebtes Mehl und Backpulver nach und nach unterrühren. Zuletzt die Mandeln zugeben. Den Teig in eine flache Aluform einfüllen und bei 200 Grad in ca. 40 Minuten backen. Für den Belag: Knapp 1/4 l Fruchtsaft aus der Dose mit dem Tortenguß, Zitronensaft, Vanillinzucker und Zucker unter Rühren aufkochen, vom Feuer nehmen, die Füchte unterrühren und auf dem erkalteten Rührkuchen verteilen. Mit Orangen- oder Zitronenscheiben und Geleefrüchten garnieren.

Orangentorte

Pro Stück ca. 465 Kalorien = 1943 Joule
Für den Teig: 6 Eier 6 Eßlöffel heißes Wasser 150 g Zucker, 1 Päckchen Vanillinzucker, 100 g Mehl 75 g Speisestärke, 1 gestrichener Teelöffel Backpulver
Für den Belag: 1 Dose Orangensaft (konzentriert) Saft von 2 Zitronen 4 Eßlöffel Zucker, 3–4 kernlose Orangen, 1/4 l süße Sahne, 1 Päckchen Sahnesteif 1 Eßlöffel Zucker, Gelee-Himbeeren

Eigelb mit heißem Wasser, Zucker und Vanillinzucker weißschaumig schlagen. Den steifen Eischnee daraufgeben, das mit Backpulver vermischte Mehl und Speisestärke darübersieben. Alles mit dem Schneebesen locker vermischen. Eine Springform mit Pergamentpapier auslegen, nicht fetten, Teig einfüllen, am Rand 2 cm hochstreichen und diesen Biskuit bei 180 Grad ca. 35 Minuten backen. Orangensaft mit Zitronensaft, 1/2 Tasse Wasser und Zucker erhitzen. Die waagrecht halbierte Biskuittorte innen mit diesem Saft beträufeln und zusammensetzen. Die Außenfläche ebenfalls mit Orangensirup bestreichen, ringsum mit gut geschälten Orangenscheiben belegen. Sahne mit Sahnesteif steifschlagen, Zucker zuletzt unterrühren. Orangentorte mit Sahne garnieren und mit einigen Gelee-Himbeeren hübsch belegen.

Fruchtcocktailtorte

Pro Stück ca. 370 Kalorien = 1546 Joule
1 Paket Sandkuchen (Fertigprodukt), 2 Eier, etwas Wasser

Backmischung mit den Eiern und Wasser nach Vorschrift zu einem Teig verarbeiten und in einer gefetteten hohen runden Form bei 200 Grad in ca. 1 Stunde backen. Tortencremepulver mit Milch cremig rühren. Fett schaumig rühren und die Crememasse löffelweise unterschlagen. Mit Rum abschmecken. Die erkaltete Torte halbieren, mit Creme füllen, zusammensetzen und außen mit Creme bestreichen. Den Fruchtcocktail gut abtropfen lassen, einen Tortenguß mit schwach 1/4 l Fruchtsaft bereiten, die Früchte zugeben, abkühlen lassen und auf die Torte geben. Diese Torte gut abgekühlt servieren.

Für die Creme: 60 g Butter oder Margarine, 1 Pck. Tortencremepulver (Vanille) für 1/8 l Milch
2 Likörgläser Rum
Für den Belag: 1 Dose Fruchtcocktail, 1 Beutel Tortenguß

Ananaskuchen verkehrt

Ananas in ein Sieb schütten und in eine Schüssel abtropfen lassen. Die Nüsse mahlen und mit Mehl, Backpulver und 50 g Zucker mischen. 1/2 Tasse Ananassaft mit Vanillinzucker und 1 Eßlöffel Zucker aufkochen und kalt stellen. Eine geschlossene Kuchenform (22 cm ∅) mit Butter einfetten, braunen Zucker darüberstreuen und die Ananasscheiben hineinlegen. Margarine schaumig rühren und das Mehlgemisch darunterheben, Ananassaft und das Ei dazugeben und noch 2 Minuten weiterrühren. Den Teig auf die Ananasscheiben geben und glattstreichen. Den Kuchen bei 180 Grad auf der mittleren Schiene in den vorgeheizten Backofen stellen und 40 Minuten backen. Kuchen mit Kirschen und Schlagsahne garnieren.

Pro Stück ca. 180 Kalorien
= 752 Joule
1/1 Dose Ananas in Scheiben
75 g Haselnüsse, 75 g Mehl
1 gestrichener Teelöffel Backpulver, Zucker
1 Päckchen Vanillinzucker
1 Eßlöffel Butter, 1 Eßlöffel brauner Zucker, 75 g Margarine, 1 Ei

Zwetschgenkuchen

Mehl in eine Schüssel sieben, in die Mitte eine Vertiefung drücken, Hefe hineinbröckeln und mit etwas Zucker, lauwarmer Milch und etwas Mehl verrühren. Vorteig ca. 20 Minuten gehen lassen, die restlichen Zutaten zufügen und alles mit dem Mehl verkneten. Teig gut durcharbeiten, etwas ruhen lassen und auf einem gefetteten Backblech ausrollen. Den Boden mit einer Gabel einstechen, um Blasenbildung zu vermeiden. Die entsteinten Zwetschgen am Rand einkerben und dicht hintereinander reihenweise auf den Teig legen. Mit Zucker und Mandeln bestreuen. Bei 180 Grad 30 Minuten backen. (Foto Seite 44, unten).

Pro Stück ca. 270 Kalorien
= 1128 Joule
Für den Teig: 250 g Mehl
30 g Hefe, 80 g Zucker
1/8 l lauwarme Milch
1 Prise Salz, 40 g Fett
Für den Belag: 1 kg Zwetschgen, 100 g Zucker
100 g blättrige Mandeln

Nußstrudel

Pro Stück ca. 310 Kalorien
= 1295 Joule
300 g Mehl, 1 Prise Salz
1 kleines Ei, 2 Eßlöffel Öl
1/8 l warmes Wasser
150 g Biskuit- oder Semmelbrösel, 125 g Butter oder Margarine, 200 g Nüsse
2 Päckchen Vanillinzucker
etwas abgeriebene Zitronenschale, 75 g Zucker, 1 Prise Kardamom, 1/4 l saure Sahne, 1/2 Dose Sauerkirschen

Mehl in eine Schüssel sieben, 1 Prise Salz zugeben. Ei und Öl mit dem Wasser gut verquirlen und unter das Mehl mischen. Diesen Teig gut kneten, die Schüssel mit einem Tuch zudecken und ca. 1/2 Stunde stehen lassen. Danach den Teig auf bemehltem Brett ca. 2–3 cm dick ausrollen, auf ein großes, mit Mehl bestäubtes Tuch geben. Durch Unterfassen mit beiden Händen den Teig nun papierdünn ausziehen, dabei achtgeben, daß der Teig nicht reißt. Biskuitbrösel oder Semmelbrösel in zerlassenem Fett goldbraun werden lassen und auf dem Teig verteilen. Nüsse mit Vanillinzucker, Zitronenschale, Zucker und Kardamom im Mixer fein zerkleinern, ebenfalls auf dem Teig verteilen und zuletzt die saure Sahne und die Sauerkirschen daraufgeben. Ringsum einen ca. 2–3 cm breiten Teigrand ohne Belag lassen, der mit etwas Wasser befeuchtet wird. Das Tuch an der Seite anheben und Teigplatte zusammenrollen. Strudel vorsichtig auf ein gefettetes Blech setzen und bei 200 Grad ca. 40 Minuten backen. Während des Backens oft mit Butter oder Margarine bestreichen. Den Nußstrudel zuletzt mit Puderzucker bestäuben. Nach Belieben warm oder kalt servieren. Als Beilage kann Vanillesoße oder Weinschaumsoße gereicht werden. (Foto Seite 44, oben).

Marillenkuchen

Pro Stück ca. 320 Kalorien
= 1337 Joule
200 g Butter oder Margarine
150 g Zucker, 2 Päckchen Vanillinzucker, 3 Eier
1 gestrichener Teelöffel Backpulver, 200 g Mehl
1/1 Dose Aprikosen (Marillen), 1 Beutel gehobelte Mandeln
2 Eßlöffel Zucker

Das geschmeidige Fett mit Zucker, Vanillinzucker und Eiern gut schaumig rühren. Das mit Backpulver gesiebte Mehl eßlöffelweise unterrühren und diesen Teig auf ein mit Pergamentpapier belegtes rechteckiges Backblech streichen. Teig mit abgetropften Aprikosen belegen, mit Mandeln und Zucker bestreuen und bei 200 Grad ca. 30 Minuten backen. Den fertig gebackenen Kuchen in 6–7 cm große Quadrate schneiden und auf eine Platte geben. (Foto Seite 44, oben).

Portugiesische Weinbeerentorte

Blätterteig dünn ausrollen. Boden und Rand einer Springform damit auslegen und mit Aprikosen-Konfitüre bestreichen. Den gekochten und abgeschreckten Reis gut abtropfen lassen, mit Rotwein, Eigelb, Zucker und der gehackten Orangenschale und dem -saft vermengen. Die Trauben halbieren, entkernen und unterheben. Eiweiß steifschlagen und mit etwas zurückgelassenem Zucker süßen, mit Haselnüssen unter die Masse ziehen. Diese in die ausgelegte Form geben und bei 180 Grad 1 bis 1 1/4 Stunden backen, eventuell mit Pergamentpapier abdecken. Vor dem Auftragen mit Puderzucker bestreuen. (Foto Seite 45, oben).

Pro Stück ca. 290 Kalorien
= 1212 Joule
1 Paket tiefgekühlter Blätterteig, etwas Aprikosen-Konfitüre
125 g Reis, 1/2 Tasse Rotwein, 4 Eier, 75 g Zucker
etwas Orangensaft und -schale, 250 g Trauben
Puderzucker
125 g gemahlene Haselnüsse

Tip: *Das Abdecken mit Pergamentpapier verhindert ein zu starkes Bräunen der Oberfläche, ehe der Kuchen selbst ganz durchgebacken ist.*

Feine Traubentorte

Die Teigzutaten gut mischen, in eine Springform geben, das Pergamentpapier darauflegen, den Teig mit den Händen flachdrücken, das Papier abziehen und einen kleinen Teigrand 1 bis 2 cm hochdrücken. Die Trauben waschen und abtropfen lassen. Das geschmeidige Fett mit Eigelb, der Hälfte Zucker, Vanillinzucker und abgeriebener Zitronenschale schaumig rühren. Das Eiweiß mit Salz und einigen Tropfen Zitronensaft zu steifem Schnee schlagen, den restlichen Zucker unterrühren und mit den Mandeln und der Speisestärke unter die Eigelbmasse heben. Diese Creme auf den Tortenboden füllen, die Trauben daraufgeben und mit einem Löffel etwas in die Creme eindrücken. Die Torte bei 190 Grad ca. 1 Stunde backen. Danach Tortenrand mit einem Messer von der Springform lösen, Kuchen auf ein Gitter stürzen und erkalten lassen, ohne die Form zu entfernen. (Foto Seite 45, unten).

Pro Stück ca. 310 Kalorien
= 1295 Joule
Für den Teig:
125 g geschmeidige Butter oder Margarine, 125 g Mehl
100 g gemahlene Mandeln
75 g Zucker, 1 Eigelb
1/2 Likörglas Kirschwasser oder Cognac, 1 Löffelspitze Zimt
Für den Belag:
500 g kernlose Trauben
100 g Butter oder Margarine
4 Eier, 100 g Zucker
1 Päckchen Vanillinzucker
abgeriebene Schale und Saft von 1/2 Zitrone, 1 Prise Salz
100 g abgezogene, gemahlene Mandeln, 1 Eßl. Speisestärke

Bananen-Schaumtorte

Pro Stück ca. 290 Kalorien = 1212 Joule
Für die kleinen Windbeutel: 1 Eßlöffel Margarine, 1/10 l Wasser, Salz, 40 g Mehl
1 Ei, 1 Eigelb
Für die Torte: 1 Biskuittortenboden, 1/4 Tasse Likör (Kakao-Nuß oder Rum), 1/2 l süße Sahne
4 Eßlöffel Zucker, 1 Eßlöffel Kakao, 2 gestrichene Eßlöffel Gelatine, 1/2 Tasse Wasser, etwas Rum
Für den Belag: 5 Bananen
1/2 Zitrone, 1/2 Päckchen Tortenguß, 1 Eßlöffel Zucker, Puderzucker

Windbeutel: Margarine schmelzen, Wasser und Salz zugeben, aufkochen. Gesiebtes Mehl einschütten, Teig auf dem Feuer rühren, bis er sich vom Topfboden löst. Vom Feuer nehmen, Ei und Eigelb unterrühren. Teig in Spritzbeutel füllen, kleine Windbeutel auf ein Backblech spritzen, bei 190 Grad ca. 15 Minuten backen. – Torte: Tortenboden mit Likör oder Rum tränken, Sahne schlagen, mit Zucker und Kakao mischen. Gelatine mit der Hälfte des Wassers verrühren, aufquellen lassen, mit dem restlichen heißen Wasser auflösen, etwas Rum zugeben und unter die Sahne heben. Hälfte der Sahne auf dem Tortenboden verteilen, Rest in kleinen Tupfern um die Torte spritzen. Torte 15 Minuten kalt stellen. Belag: Bananen in Scheiben schneiden, in die Mitte der Torte legen, mit Zitronensaft beträufeln und mit Tortenguß begießen. Windbeutel auf die Sahnehäufchen setzen und mit Puderzucker bestäuben. (Foto rechts).

Nougat-Fruchttorte

Pro Stück ca. 115 Kalorien = 480 Joule
Für den Teig: 2 Eigelb etwas abgeriebene Zitronenschale, 1 Eßlöffel heißes Wasser, 30 g Zucker
1 Eiweiß, 20 g Zucker
1/2 Teelöffel Vanillinzucker
70 g Mehl, 1 Löffelspitze Backpulver
Für die Creme: 1/4 Päckchen Vanillepuddingpulver, 1/8 l Milch, 2 Teelöffel Zucker
1 Eiweiß, 50 g Nougat
1 Eßlöffel Rum
Für den Belag: Ananasscheiben, Mirabellen Kirschen und Orangenfilets (ohne Haut), 1 Päckchen Tortenguß, 1/4 l Ananassaft
1/2 Teelöffel Zucker

Teig: Eigelb mit Zitronenschale und heißem Wasser schaumig rühren, Zucker dazugeben. Das Eiweiß zu Schnee schlagen, mit Zucker und Vanillinzucker süßen und mit gesiebtem Mehl und Backpulver unter Eigelbmasse heben. Springform fetten, mit Pergamentpapier auslegen, Masse einfüllen, am Rand hochstreichen. Bei 180 Grad etwa 25 Minuten backen. Creme: Aus Puddingpulver, Milch und Zucker Creme kochen, heiß mit dem mit Zucker geschlagenen Eischnee vermischen, erkalten lassen. Nougat halbieren. In Würfel geschnittenen Nougat und den Rum mit Creme vermischen, auf den Tortenboden streichen und mit abgetropften Früchten belegen. Diese mit von Ananassaft bereitetem Tortenguß begießen, Torte kalt stellen. Die Hälfte der Nougatstange in Scheiben geschnitten ebenfalls zur Garnitur verwenden. (Foto rechts).

Birnentorte

Pro Stück ca. 330 Kalorien
= 1379 Joule
Für den Teig: 2 Eier
3 Eßlöffel Wasser
100 g Zucker, 100 g Mehl
Für den Belag: 1/1 Dose
Birnen, 1/2 l süße Sahne
1 Päckchen Sahnesteif
3 gehäufte Eßlöffel Kaba
1/2 Glas Johannisbeergelee
Saft und Schale von 1 Orange
gehobelte Mandeln

Für den Teig: Eiweiß mit kaltem Wasser zu steifem Schnee schlagen. Zucker zuerst unterrühren, danach Eigelb und gesiebtes Mehl locker untermischen. Eine Obst-Tortenform leicht einfetten, die Masse einfüllen und bei 190 Grad ca. 15 Minuten backen. Für den Belag: Den abgekühlten Tortenboden mit Birnen belegen, die Sahne nach Vorschrift mit Sahnesteif sehr gut steifschlagen und zuletzt Kaba unterrühren und die Sahne in die Zwischenräume geben. Das Johannisbeergelee mit Orangensaft und Orangenschale erhitzen, etwas abkühlen lassen, die Birnen damit überziehen und mit gehobelten Mandeln bestreuen. Die Birnentorte gut gekühlt servieren.

Tip: Wenn Sie die Sahnecreme für die Birnentorte mit etwas Pulverkaffee vermischen, schmeckt sie köstlich wie Mokkacreme.

Pfirsichtorte

Pro Stück ca. 190 Kalorien
= 794 Joule
Für den Teig: 2 Eiweiß
2 Eßlöffel Wasser, 100 g
Zucker, 1 Päckchen Vanillinzucker, 2 Eigelb, 40 g
Speisestärke, 40 g Mehl
1/2 gestrichener Teelöffel
Backpulver
Für die Creme: 1/4 l Milch
20 g Speisestärke, 1 Eigelb
30 g Zucker, 50 g Butter
oder Margarine, das Mark
einer kleinen Vanilleschote
Für den Belag: 1/1 Dose
Pfirsiche, 25 g Mandelblättchen (1/2 Tüte), 125 g
Erdbeeren, 2 Blatt Gelatine

Für den Teig: Eiweiß und kaltes Wasser sehr steif schlagen. Zucker und Vanillinzucker einrieseln lassen und kurz darunterschlagen. Das Eigelb darunterziehen. Speisestärke, Mehl und Backpulver mischen, darübergeben und leicht darunterheben. Den Teig in eine nur am Boden gefettete Springforn (26 cm Ø) füllen und 25 bis 30 Minuten bei guter Mittelhitze (ca. 210 Grad) backen. Danach die Torte aus der Form nehmen und auskühlen lassen. Für die Creme: Alle Zutaten miteinander verrühren, unter Rühren zum Kochen bringen, kurz aufkochen und unter öfterem Umrühren erkalten lassen. Tortenboden und Rand der Torte gleichmäßig mit der Vanillecreme bestreichen. Den Boden mit den abgetropften, in Scheiben geschnittenen Pfirsichen belegen. Den Rand der Torte mit gerösteten Mandelblättchen garnieren. Die Erdbeeren waschen, entstielen und pürieren. Gelatine in kaltem Wasser einweichen, ausdrücken, in heißem Wasser auflösen und etwas abgekühlt zu dem Erdbeerpüree geben. Beginnt das Püree zu gelieren, Pfirsiche damit überziehen.

Pfirsich-Quark-Sahnetorte

Pro Stück ca. 190 Kalorien = 794 Joule
Für den Teig: 2 Eier, 30 g Zucker, 1 Päckchen Vanillinzucker, 1 Prise Salz, 50 g Mehl, 1 Teelöffel Butter oder Margarine
Für die Creme: 3 Eier
1/2 Dose Pfirsichspalten
1/8 l Weißwein, 1 Päckchen Cremepulver für Quark-Sahne-Torte, 500 g Magerquark, 1/8 l bis 1/4 l süße Sahne, 10–12 Maraschinokirschen

Für den Teig: Eigelb mit Zucker, Vanillinzucker und Salz schaumig rühren. Das Eiweiß in einer fettfreien Schüssel schnittfest schlagen und auf die Eigelbcreme geben. Das Mehl daraufsieben und alles mit einem Schneebesen locker vermischen. Butter oder Margarine in einer Pfanne zerlassen, den Teig hineingeben, zudecken und bei geöffnetem Deckelgriff auf Stufe 1 (bei 3-Stufen-Schaltung) 20 Minuten backen. Dann auf ein Gitter stürzen und erkalten lassen. Für die Creme: Eier sauber trennen und das Eiweiß in eine Schüssel geben. Pfirsichsaft und Weißwein in einen Meßbecher geben und mit Wasser auf 350 ccm auffüllen. Diese Flüssigkeit zum Eiweiß gießen und das Cremepulver hineinrühren. Einen elektrischen Handmixer mit Schneebesen auf die höchste Stufe einschalten, die Creme etwa 3 Minuten schlagen. Mit einem Schneebesen muß die Creme etwa 5 Minuten geschlagen werden, damit die gewünschte weiße Schaummasse entsteht. Nun Eigelb und Quark nach und nach unter die Schaummasse rühren. Die gut gekühlte Sahne steifschlagen und locker unter die Schaummasse heben. Den Tortenboden auf eine passende Platte setzen, mit dem Ringstreifen aus der Cremepulverpackung umstellen und die Quark-Sahne-Creme hineinfüllen. Die Pfirsichspalten abtropfen lassen und die Maraschinokirschen in Scheiben schneiden. Beides mischen, auf die Torte geben und leicht eindrücken. Die Torte zudecken, in den Kühlschrank stellen und in etwa 3 Stunden fest werden lassen. Dann den Ringstreifen mit einem spitzen Messer lösen und entfernen.

Tip: Gut gekühlt serviert ist Pfirsich-Quark-Sahne-Torte ein wahrer Leckerbissen an heißen Sommertagen für alle, die nicht zunehmen wollen. Denn sie ist kalorienarm, leicht und durch den Magerquark besonders bekömmlich und eiweißreich.

Creme-Fruchttorte

Pro Stück ca. 275 Kalorien
= 1149 Joule
Für den Teig: 250 g Mehl
125 g Margarine, 125 g
Puderzucker, 1 Ei
1 Päckchen Vanillinzucker
abgeriebene Schale von 1/2
Zitrone, 1 Prise Salz
Für die Creme: 1/2 Päckchen
Vanillepuddingpulver
3 Eßl. süße Sahne oder
Dosenmilch, 1/2 Eßlöffel
Zucker, 1 Eigelb, 1/8 l Milch
1 Eiweiß, 1/2 Eßl. Zucker
Für den Belag: Pfirsichhälften aus der Dose
entsteinte Mirabellen und
Kirschen, Ananasscheiben
3/4 Päckchen Tortenguß
1/4 l Fruchtsaft
1 Eßlöffel Zucker

Für den Teig: Das gesiebte Mehl mit dem Fett, dem Zucker, Ei, Vanillinzucker, abgeriebener Zitronenschale und Salz zu einem Mürbeteig verarbeiten. Teig für 1/2 Stunde kalt stellen. Danach ausrollen und eine gefettete runde Backform damit auslegen. Einen Rand formen, den Boden einige Male mit der Gabel einstechen, bei 180 Grad 20 Minuten backen. Erkalten lassen. Für die Creme: Puddingpulver mit Sahne oder Dosenmilch, Zucker und Eigelb verrühren, in die kochende Milch geben, aufkochen lassen und mit gesüßtem Eischnee verrühren und erkalten lassen. Creme auf den Tortenboden streichen, mit den verschiedenen Früchten belegen und mit dem nach Vorschrift bereiteten Tortenguß begießen. Torte kalt stellen bis der Tortenguß fest geworden ist. Mit steifgeschlagener, gesüßter Sahne zum Kaffee reichen. (Foto rechts).

Sahne-Fruchttorte

Pro Stück ca. 170 Kalorien
= 710 Joule
Für den Boden: 1 Biskuit-Tortenboden (fertig gekauft)
1/3 Tasse Weißwein, 1/4 l
süße Sahne, 1 Eßl. Zucker
1 Päckchen Vanillinzucker
1 gestrichener Eßl. Gelatine
1/3 Tasse Wasser
Für den Belag:
Eingemachte Früchte nach
Belieben, 1 Päckchen
Tortenguß, 1 Eßl. Zucker
1/4 l Fruchtsaft, 2 Eßl.
gehobelte Mandeln

Tortenboden mit Weißwein befeuchten. Die Sahne schlagen, mit Zucker und Vanillinzucker süßen. Gelatine mit der Hälfte des kalten Wassers aufquellen lassen, in dem restlichen kochenden Wasser auflösen, schnell unter die Sahne rühren. Sahne locker auf den Tortenboden streichen und kalt stellen. Wenn die Sahne fest ist, mit den gut abgetropften Früchten belegen und mit dem mit Fruchtsaft bereiteten Tortenguß überziehen. Die Torte noch einmal kalt stellen und vor dem Servieren mit Mandeln bestreuen. (Foto rechts).
Wichtig! Wenn Kinder mit an der Kaffeetafel sitzen, sollten Sie darauf verzichten, den Biskuit-Tortenboden mit Weißwein zu tränken.

Pariser Obsttorte

Pro Stück ca. 210 Kalorien = 877 Joule
Für den Teig: 2 Eiweiß 2 Eßlöffel Wasser, 100 g Zucker, 1 Päckchen Vanillinzucker, 2 Eigelb, 60 g Speisestärke, 60 g Mehl 1/2 gestrichener Teelöffel Backpulver, Semmelbrösel
Für den Belag: 1 bis 2 Eßlöffel Aprikosenmarmelade 500 bis 750 g beliebiges gedünstetes, gezuckertes Obst, 1 Päckchen Tortenguß 1/8 bis 1/4 l süße Sahne

Für den Teig: Eiweiß und kaltes Wasser sehr steif schlagen, Zucker und Vanillinzucker einrieseln lassen und kurz darunterschlagen. Das Eigelb unterziehen. Speisestärke, Mehl und Backpulver mischen, darübersieben und locker darunterheben. Eine Tortenbodenform (26 cm ∅) gut fetten, mit Semmelbröseln ausstreuen, den Teig daraufstreichen und 10 bis 20 Minuten bei guter Mittelhitze (ca. 210 Grad) backen. Danach den Tortenboden stürzen und auskühlen lassen. Mit Aprikosenmarmelade bestreichen, das Obst abtropfen lassen und den Tortenboden damit belegen. Den Tortenguß bereiten, über die Früchte geben und die Torte mit geschlagener Sahne garnieren.

Quark-Apfelsinen-Torte

Pro Stück ca. 205 Kalorien = 856 Joule
Für den Teig: 60 g Butter oder Margarine, 1 Päckchen Vanillinzucker, 60 g Zucker 1 Ei, 50 g Speisestärke 50 g Mehl, 1 Messerspitze Backpulver
Für die Creme: 250 g Speisequark, 100 g Zucker, 1 bis 2 Eßlöffel Zitronensaft 250 g Apfelsinen (ohne Schale), 4 Blatt weiße Gelatine, 1/8 l süße Sahne Borkenschokolade

Für den Teig: Fett schaumig rühren und Vanillinzucker dazugeben. Abwechselnd Zucker, Ei und das Gemisch aus Speisestärke, Mehl und Backpulver darunterrühren. Den Teig in eine Tortenbodenform (26 cm ∅) streichen und etwa 20 Minuten bei guter Mittelhitze (ca. 210 Grad) backen. In der Zwischenzeit für die Creme Speisequark, Zucker, Zitronensaft, in Würfel geschnittenes Apfelsinenfleisch und eingeweichte, ausgedrückte, aufgelöste Gelatine verrühren und die steifgeschlagene Sahne darunterziehen. Die Creme auf den Tortenboden geben und Borkenschokolade darüberstreuen. Torte kühl stellen.

Pfirsich-Beeren-Kuchen

Pro Stück ca. 480 Kalorien = 2006 Joule
1 Paket Sandkuchen-Fertig-Backmischung, 2 Eier, 50 g Butter, 2 Likörgläser Kirschlikör, 3/8 l süße

Die Fertig-Backmischung nach den Angaben auf der Packung zubereiten. Die Masse in eine ausgefettete runde Form füllen und bei 200 Grad ca. 45 Minuten backen. Den ausgekühlten Kuchen zweimal waagrecht durchschneiden und die Platten mit Kirschlikör beträufeln. Unter die geschlagene Sahne Vanillinzucker rühren und die in kaltem Wasser 5 Minuten eingeweichte, gut ausgedrückte und mit 5 Eßlöffel heißem Pfirsichsirup aufgelöste Gelatine gut unterrühren. Die gezuckerten Himbeeren mit etwas Zitronensaft unter eine Hälfte der Sahne mischen, unter den Sahnerest die Pfirsichspalten. Die Torte mit Pfirsichsahne und Beerensahne füllen und mit einigen zurückbehaltenen Früchten garnieren.

Sahne, 2 Päckchen Vanillinzucker, 4 Blatt weiße Gelatine
1 Dose Pfirsichspalten
250 g Himbeeren, 1 Eßlöffel Zucker, etwas Zitronensaft

Rhabarbertorte

Für den Teig: Fett schaumig rühren und Vanillinzucker dazugeben. Abwechselnd Zucker, Eigelb und das Gemisch aus Speisestärke, Mehl und Backpulver sowie die Milch darunterrühren. Den Teig in eine gefettete Springform (26 cm ∅) füllen und etwa 30 Minuten bei Mittelhitze (ca. 180 Grad) backen. Für den Belag: Eiweiß zu steifem Schnee schlagen und den Zucker nach und nach darunterschlagen. Zuletzt die Mandeln und den in kleine Stücke geschnittenen Rhabarber unter die Baisermasse ziehen. Die Masse gleichmäßig auf den vorgebackenen Boden streichen und die Torte in etwa 40 Minuten bei Mittelhitze fertig backen.

Pro Stück ca. 200 Kalorien = 836 Joule
Für den Teig: 100 g Butter oder Margarine
1 Päckchen Vanillinzucker
100 g Zucker, 3 Eigelb
50 g Speisestärke, 150 g Mehl, 1 1/2 gestrichener Teelöffel Backpulver
6 Eßlöffel Milch
Für den Belag: 3 Eiweiß
150 g Zucker, 50 g abgezogene, gemahlene Mandeln, 375 g geputzter Rhabarber

Biskuitroulade mit Pfirsichsahne

Für den Teig: Eigelb mit 2/3 des Zuckers und Vanillinzucker schaumig rühren, Eiweiß zu Schnee schlagen, restlichen Zucker kurz unterrühren, Eiweiß auf die Eigelbmasse geben. Gesiebtes Mehl und geriebene Mandeln leicht unterheben, Masse auf ein mit Pergamentpapier belegtes Blech streichen, bei 220 Grad ca. 12 Minuten backen. Auf ein mit Zucker bestreutes Küchentuch stürzen, das Pergamentpapier anfeuchten und abziehen. Biskuitplatte in das Tuch einrollen. Für die Füllung: Gelatine 5 Minuten in kaltem Wasser einweichen, ausdrücken, in 5–6 Eßlöffel erhitztem Pfirsichsaft auflösen. Sahne schlagen, Zucker, Zitronensaft und gewürfelte Pfirsiche untermischen, die Gelatinemischung schnell unterrühren. Roulade mit der Pfirsichsahne füllen, durchkühlen lassen.

Pro Stück ca. 240 Kalorien = 1003 Joule
Für den Teig: 4 Eier, 75 g Zucker, 1 Päckchen Vanillinzucker, 75 g Mehl
75 g geriebene Mandeln
Für die Füllung: 4 bis 5 Blatt helle Gelatine, 1/2 Dose Pfirsiche, 3/8 l süße Sahne
2 Eßlöffel Zucker
Saft von 1/4 Zitrone

Marzipan-Obsttorte

Pro Stück ca. 260 Kalorien
= 1086 Joule
2 dünne Schokoladen-Tortenböden (fertig gekauft), 100 g Marzipan
4 Eßlöffel süße Sahne
1 Likörglas Kirschwasser
1/1 Dose Früchtecocktail
25 g Mandeln, Fruchtsirup
1 Päckchen Tortenguß
1/8 l süße Sahne

Marzipan mit Sahne und Kirschwasser verrühren. 1 Tortenboden mit dieser Masse bestreichen. Den 2. Tortenboden darauflegen und die gut abgetropften Früchte darauf verteilen. Die gut gewaschenen und abgetropften, ungeschälten Mandeln darauflegen. Aus dem Fruchtsaft und dem Tortengußpulver einen Guß nach Vorschrift bereiten und eßlöffelweise über die Früchte geben. Die Torte mit Schlagsahne garnieren. (Foto rechts, oben).

Johannisbeerkuchen mit Streuseln

Pro Stück ca. 330 Kalorien
= 1379 Joule
Für den Teig: 250 g Mehl
125 g Zucker, 1 Päckchen Vanillinzucker, 125 g Butter
1 Ei, 1 Prise Salz, abgeriebene Schale von 1/2 Zitrone
Für die Füllung: 3 Eßlöffel Semmel- oder Kuchenbrösel
500 g Johannisbeeren, 75 g Zucker. Für die Streusel:
125 g Butter, 200 g Mehl
1/2 Teel. Zimt, 1 Päckchen Vanillinzucker, 125 g Zucker

Für den Teig: Aus Mehl, Zucker, Vanillinzucker, geschmeidigem Fett, Ei, Salz und abgeriebener Zitronenschale einen Mürbeteig bereiten und ihn etwas ruhen lassen. Mit dem Teig eine gefettete Kuchenform mit Rand auslegen und 10 Minuten bei 200 Grad vorbacken. Dann Brösel auf den Boden streuen, darauf die gewaschenen, gezuckerten Beeren geben und darüber die Streusel. Für die Streusel: Das zerlassene, abgekühlte, aber noch flüssige Fett mit Mehl, Zimt, Vanillinzucker und Zucker zu Streuseln verarbeiten. Den Kuchen mit den Streuseln bei 200 Grad ca. 35 Minuten weiterbacken.

Apfel-Orangen-Kuchen

Pro Stück ca. 170 Kalorien
= 710 Joule
Für den Teig: 100 g Mehl
125 g Quark, 100 g Butter
75 g Zucker, 1 Prise Salz
Für den Belag: 2 Äpfel
2 Orangen, 2 Eßlöffel Aprikosenmarmelade
Mandelstifte

Mehl auf ein Backbrett sieben. In die Mitte eine Vertiefung drücken. Da hinein den ausgepreßten Quark, Butter, Zucker und Salz geben. Teig gut verkneten und in Pergamentpapier einwickeln, mit einem feuchten Tuch zudecken und über Nacht kalt stellen. Bei der Zubereitung den Teig dünn rechteckig ausrollen, auf ein feuchtes Backblech legen, mit Semmelbrösel bestreuen und mit geschälten Apfelscheiben und Orangenscheiben belegen, mit Aprikosenmarmelade bestreichen. Bei 225 Grad 15 Minuten backen. Danach mit Mandelstiften bestreuen. (Foto rechts, unten).

Prager Nußtorte

Pro Stück ca. 280 Kalorien
= 1170 Joule
Für den Teig: 200 g Haselnüsse, 2 Eßlöffel Speisestärke, 6 Eier, 200 g Zucker
2 Päckchen Vanillinzucker
abgeriebene Schale und Saft von 1/2 Zitrone
Für die Creme: 2 Päckchen Vanille-Puddingpulver (ohne Kochen), 1/2 l Milch
1/4 l süße Sahne, 2 Päckchen gehobelte Mandeln

Haselnüsse reiben und mit Speisestärke mischen. Eigelb mit Zucker, Vanillinzucker und Schale und Saft von 1/2 Zitrone mit der Küchenmaschine oder dem Handrührgerät ca. 5 Minuten dickschaumig rühren. Das sauber abgelassene Eiweiß in einer fettfreien Schüssel zu steifem Schnee schlagen und auf die Eigelbmasse geben. Die Haselnüsse daraufstreuen und mit einem Schneebesen alles locker untereinanderheben. Den Teig in eine gefettete, mit Mehl ausgestäubte Springform (26 cm ∅) einfüllen und bei 170 Grad ca. 1 Stunde backen. Vanille-Puddingpulver in Milch (Zimmertemperatur) einrühren. Sahne steifschlagen, unter den Pudding heben und die erkaltete, waagrecht halbierte Torte mit einem Teil der Creme füllen. An den Seiten und auf der Oberfläche mit Creme bestreichen, sofort mit den in der Backröhre leicht gerösteten Mandeln ringsum bestreuen. Gut gekühlt servieren.

Nuß-Sandtorte

Pro Stück ca. 280 Kalorien
= 1170 Joule
200 g Butter oder Margarine
200 g Zucker, 3 Eier
100 g Cashewnüsse, 100 g Speisestärke, 100 g Mehl
50 g Korinthen, 1 Eßlöffel Rum, 120 g Puderzucker
1 Teelöffel Pulverkaffee
einige Cashewnüsse

Butter oder Margarine schaumig rühren, den Zucker und die Eier nacheinander langsam zugeben, die Masse schaumig rühren. Die mit dem Mehl gesiebte Speisestärke und die gemahlenen Nüsse vorsichtig unter die Masse heben. Eine Form fetten, mit Pergamentpapier auslegen und den Boden mit gewaschenen, ausgedrückten, mit den mit Rum vermischten Korinthen bestreuen. Den Teig darauffüllen, bei Mittelhitze (ca. 180 Grad) 45 Minuten backen. Den gesiebten Puderzucker mit dem Kaffee vermischen und mit 3–4 Eßlöffel heißem Wasser anrühren. Den Kuchen damit überziehen, mit halbierten Nüssen garnieren.

Spanische Mandeltorte

Marzipanmasse, Eigelb, Zucker und 1 Prise Salz gut verrühren. Die Eiweiße zu steifem Schnee schlagen und 50 g Zucker gut unterschlagen. Mandeln grob hacken, ebenso Zitronat und Kuvertüre, mit Mehl mischen. Die Eigelbmasse auf den Eischnee geben und mit der Mehl-Mandelmasse locker vermischen. In eine konische, mit Pergamentpapier ausgelegte Form (oder Springform) füllen und bei 200 Grad ca. 50 Minuten backen. Erkaltet mit ausgerolltem Marzipan überziehen und mit kandierten Früchten garnieren.

Pro Stück ca. 218 Kalorien = 911 Joule
Für den Teig: 150 g Marzipanmasse, 6 Eier
100 g Zucker, 1 Prise Salz
50 g Zucker, 100 g Mandeln
50 g Zitronat, 75 g Kuvertüre
125 g Mehl
Für den Belag: etwas Marzipanmasse, kandierte Früchte

Marzipan

Die Mandeln am Tag zuvor mit heißem Wasser überbrühen, abziehen und trocknen lassen. Dann durch die Mandelmühle drehen und zusätzlich mit einem Messer sehr fein hacken. Puderzucker, Eiweiß und Rosenwasser hinzufügen, zu einem glatten Teig verkneten und 24 Stunden kühl stellen.

Insgesamt ca. 3400 Kalorien = 14212 Joule
375 g Mandeln
250 g Puderzucker
1 Teelöffel Rosenwasser
1 Eiweiß

Pithiviers-Mandeltorte

Mandeln in heißes Wasser geben und dann die braune Haut zwischen Daumen und Zeigefinger abstreifen. Mandeln mit Zucker, dem Alkohol und einem Ei und einem Eiweiß im Mixer zu einer Paste verarbeiten. Blätterteig zu zwei runden Platten ausrollen, eine Platte als Boden auf ein Blech legen, den Rand mit Eigelb bestreichen und die Mitte mit der Mandelmasse füllen. Die zweite Teigplatte auflegen, die Ränder gut andrücken, mit einem Messer einkerben. Die Oberfläche mit Ei bepinseln. Den Kuchen bei 200 Grad ca. 25 Minuten backen. Nach 15 Minuten Backzeit den Kuchen mit gesiebtem Puderzucker bestäuben.
Tip: Nach der oben beschriebenen Art lassen sich auch Törtchen zubereiten, die ein prima Gebäck für die Kaffee- oder Teestunde sind.

Pro Stück ca. 235 Kalorien = 982 Joule
250 g Mandeln, 200 g Zucker, 2 Eßlöffel Rum oder Kirschwasser, 1 Ei
1 Eiweiß, 2 Päckchen tiefgekühlter Blätterteig, etwas Eigelb zum Bestreichen
etwas Puderzucker

Sachertorte

Pro Stück ca. 370 Kalorien
= 1546 Joule
Für den Teig: 150 g Butter
oder Margarine, 150 g
Zucker, 6 Eier, 150 g
Schokolade, 1 Vanilleschote
100 g Mehl, 50 g Speisestärke
Für die Füllung: 4 Eßlöffel
Aprikosenmarmelade
200 g Zucker, 1/5 l Wasser
200 g Schokolade, 1 Eßlöffel
Kokosfett

Für den Teig: Butter oder Margarine mit der Hälfte des Zuckers schaumig rühren und Eigelb, zerlassene Schokolade und Vanillemark zugeben. Eiweiß mit restlichem Zucker steifschlagen und mit gesiebtem Mehl und Speisestärke unter die Eimasse heben. In Springform bei Mittelhitze ca. 1 1/4 Stunden backen. Zwei Tage auf einem Drahtsieb stehen lassen. Kuchen einmal durchschneiden. Flächen und Rand mit Aprikosenmarmelade bestreichen. Zucker mit Wasser kochen, bis er dicklich ist, vom Feuer nehmen, die geschnittene Schokolade und das Fett dazugeben. Sobald die Masse fester wird, den Kuchen damit überziehen, mit einem Messer Stücke markieren, jedes Stückchen mit dem Namen Sacher versehen. (Foto rechts).

Prinzregententorte

Pro Stück ca. 350 Kalorien
= 1463 Joule
Für den Teig: 150 g Butter
oder Margarine, 3 Eier
150 g Zucker, 1 Päckchen
Vanillinzucker, 250 g Mehl
1/2 Päckchen Backpulver
75 g Speisestärke, 1/2 Tasse
Milch, 1 Prise Salz
Für die Füllung: 150 g Blockschokolade, 15 g Kokosfett
180 ccm kalte Milch
1 Päckchen Tortencreme
mit Vanille-Geschmack
100 g Butter oder Margarine
1 Likörglas Rum
Für den Guß: 25 g Kokosfett
2 Eßlöffel Wasser, 200 g
Schokoladenpulver

Für den Teig: Fett schaumig rühren, Eigelb, Zucker, Salz, Vanillinzucker unterrühren. Mehl, Backpulver und Speisestärke mischen, Hälfte davon unter die Eigelbmasse rühren. Milch unterrühren, restliches Mehl zugeben. Eiweiß zu Schnee schlagen, drunterheben. In Springform bei 180 Grad 6 Böden backen, dafür jeweils 1 cm Teig eingießen und 12 Minuten gelb backen. Für die Füllung: Blockschokolade mit Kokosfett im Wasserbad zerlassen. Kalte Milch in Rührschüssel mit Cremepulver nach Vorschrift verrühren. Zerlassenes Fett zugeben. 4 Eßlöffel von der Creme für die Garnitur zurückbehalten. Schokolade und Rum unter die restliche Creme rühren. Die Böden mit der Creme bestreichen und aufeinandersetzen. Für den Guß: Kokosfett und Wasser zerlassen. Schokoladenpulver unterrühren. Torte damit überziehen. Den Guß kalt werden lassen. Mit restlicher Creme garnieren. (Foto rechts).

Sacher

Kaiserin-Friedrich-Torte

Pro Stück ca. 310 Kalorien
= 1295 Joule
Für den Teig: 175 g Kokosfett, 175 g Zucker, 1 Päckchen Vanillinzucker, 4 Eier
50 g Speisestärke, 175 g Mehl, 1 gestrichener Teelöffel Backpulver, 1 Eßlöffel Rum, 50 g Mandeln, 100 g Zitronat
Für den Guß: 250 g Puderzucker, 1 Eiweiß, Zitronensaft. Für die Garnitur: Zitronat, Belegkirschen

Für den Teig: Das flüssige, abgekühlte Kokosfett mit Zucker, Vanillinzucker und den Eiern schaumig rühren. Mehl, Speisestärke und Backpulver mischen, sieben und nach und nach dazurühren. Rum, abgezogene, gehackte Mandeln und gehacktes Zitronat untermischen. Den Teig in eine gefettete Springform (26 cm ∅) füllen und bei 175 Grad ca. 60 Minuten backen. Für den Guß: Gesiebten Puderzucker, Eiweiß und Zitronensaft miteinander verrühren, den Kuchen damit überziehen und mit geschnittenem Zitronat und Belegkirschen garnieren.

Pischinger Torte

Pro Stück ca. 200 Kalorien
= 836 Joule
1/2 Packung Karlsbader Oblaten, 100 g Vollmilch-Schokolade, 100 g Butter oder Margarine, 100 g Zucker, 2 Eigelb
1 Prise Zimt
Für die Garnitur: 1/4 l süße Sahne, 1 Päckchen Vanillinzucker, 12 Walnußhälften

Schokolade grob zerkleinern und im Wasserbad schmelzen. Geschmeidige Butter oder Margarine schaumig rühren. Eigelb und Zucker nach und nach unterrühren, zuletzt Zimt dazugeben. Die nur lauwarme Schokolade untermischen und mit dieser Creme Oblaten zu einer Torte zusammensetzen. Auch die Oberfläche bestreichen und 1 Stunde kalt stellen. Für die Garnitur: Sahne steifschlagen, Vanillinzucker untermischen. Torte damit garnieren und mit Walnußhälften verzieren.

Karlsbader-Oblaten-Torte

Pro Stück ca. 240 Kalorien
= 1003 Joule
1 Packung (250 g) Karlsbader Oblaten, 1 Packung Mandel-Puddingpulver
1/2 l Milch, 100 g Haselnüsse, 100 g Zucker, 150 g Butter oder Margarine
2 Eßlöffel Rum

Puddingpulver mit 4 Eßlöffel kalter Milch verquirlen. Restliche Milch aufkochen, Pulver hineinrühren und einmal aufkochen. Kalt stellen. Haushaltsfolie darauflegen, damit sich keine Haut bildet. Haselnüsse unter dem Grill rösten, Häute mit Tuch abreiben, fein mahlen. Butter schaumig rühren, Zucker und Haselnüsse gut untermischen. Löffelweise Puddingpulver darunterrühren, darauf achten, daß Fett und Pudding die gleiche Temperatur haben, sonst gerinnt die Masse. Zuletzt mit Rum abschmecken. Oblaten mit Creme bestreichen und aufeinandersetzen. Auch Ränder bestreichen. Torte 1 Stunde kalt stellen. Danach mit Sahne, Maraschinokirschen und Mandarinen garnieren.

Für die Garnitur: Sahnetupfer mit Maraschinokirschen und Mandarinenspalten

Frühlingstorte

Eigelb, Zitronenschale, Vanillinzucker, Bittermandelöl und 50 g Zucker schaumig schlagen. Eiweiß und 1 Prise Salz steifschlagen. Restlichen Zucker darunterschlagen und den Schnee auf die Eigelbmasse geben. Mandeln mit Zimt, Mehl und Backpulver mischen, auf den Eischnee geben und mit einem Schneebesen locker darunterheben. Eine Kuchenform einfetten, mit Zucker ausstreuen und den Teig hineinstreichen. Bei 180 Grad etwa 40 Minuten backen. Vor dem Servieren mit Eiweißglasur oder Schlagsahne überziehen und mit kandierten Veilchen und gerösteten Mandeln garnieren.

Pro Stück ca. 170 Kalorien
= 710 Joule
4 Eier, abgeriebene Schale von 1/2 Zitrone, 1 Päckchen Vanillinzucker, 1/2 Fläschchen Bittermandelöl, 1 Prise Salz, 100 g Zucker, 200 g süße geriebene Mandeln
1/2 Teelöffel Zimt
1 gehäufter Eßlöffel Mehl
1 gestrichener Teelöffel Backpulver, etwas Schlagsahne oder Eiweißglasur zum Überziehen, kandierte Veilchen, geröstete Mandeln

Johannisbeertorte

Für den Tortenboden: Eiweiß mit Salz zu steifem Schnee schlagen, die Hälfte Zucker unterschlagen, das Eigelb mit Zucker, Vanillinzucker und heißem Wasser schaumig rühren, den Eischnee und das mit Backpulver gesiebte Mehl vorsichtig mit einem Schneebesen unter die Eigelbmasse heben, in eine nur am Boden gefettete Springform füllen und bei 170 Grad ca. 35 Minuten backen. Für die Creme: Pudding-Pulver mit etwas Milch verrühren, in die restliche kochende Milch mit dem Zucker einrühren, aufkochen lassen und Eischnee, zuletzt mit dem Eigelb vermischt, unterheben. Den Tortenboden mit dem Pudding bestreichen und 1 Stunde kalt stellen. Johannisbeeren auf die Torte geben, Tortenguß mit Zucker bereiten und daraufgießen. Stocken lassen und servieren.

Pro Stück ca. 170 Kalorien
= 710 Joule
Für den Tortenboden: 2 Eier
1 Prise Salz, 50 g Zucker
1 Päckchen Vanillinzucker
2 Eßlöffel heißes Wasser
100 g Mehl, 1 gestrichener Teelöffel Backpulver
Für die Creme: 1 Päckchen Vanille-Puddingpulver
1/2 l Milch, 2 Eßlöffel Zucker, 2 Eier
Für den Belag: 750 g Johannisbeeren, 4 Eßlöffel Zucker, 1 Päckchen Tortenguß, 1/4 l Wasser

Käse-Sahne-Torte mit Mandeln

Pro Stück ca. 320 Kalorien
= 1337 Joule
1 Tortenboden (fertig gekauft), 1 kg Magerquark
250 g Zucker, 2 Päckchen Vanillinzucker, abgeriebene Schale und Saft von je 1 Orange und Zitrone
12 Blatt helle Gelatine
1/8 l Weißwein
125 g grob gehackte Mandeln, 1/2 l süße Sahne
1 Beutel Mandelsplitter

Den Tortenboden auf eine Platte legen, den gefetteten Rand einer Springform daraufsetzen und innen mit einem Streifen Pergamentpapier belegen. Quark, Zukker, Vanillinzucker, Schale und Saft der Zitrusfrüchte miteinander vermischen. Die eingeweichte und ausgedrückte Gelatine in erhitztem Weißwein auflösen. Die Mandeln, dann die aufgelöste Gelatine zum Quark rühren. Die steifgeschlagene Sahne darunterheben, in den Tortenrand füllen und im Kühlschrank fest werden lassen. Die goldgelb gerösteten Mandelsplitter auf die Torte streuen und mit Kirschen garnieren. (Foto rechts).

Linzer Torte

Pro Stück ca. 415 Kalorien
= 1734 Joule
150 g Butter oder Margarine
250 g Zucker, 150 g gemahlene Haselnüsse
1 gestrichener Teelöffel Backpulver, 300 g Mehl
2 Eßlöffel Kakao, 1/2 Teelöffel Zimt, 1 Löffelspitze Nelken, abgeriebene Schale von 1 Zitrone, 2 Likörgläser Kirschwasser (es kann auch Rum, Cognac oder Himbeergeist verwendet werden)
1 Ei, 2–3 Eßlöffel Milch
5–6 Eßlöffel rote Fruchtmarmelade, 1 Eigelb
1 Eßlöffel Kondensmilch

Das geschmeidige Fett mit Zucker, gemahlenen Nüssen, dem mit Backpulver gesiebten Mehl, Kakao, Gewürzen, Kirschwasser, Ei und Milch zu einem Mürbeteig verarbeiten, ca. 1 Stunde kalt stellen. Danach gut die Hälfte des Teiges zu einem dicken runden Boden auswellen und eine Tortenform (ca. 26 cm ∅) ohne Rand damit auslegen. Tortenboden mit Marmelade bestreichen, restlichen Teig auswellen und mit einem Glas ovale Blättchen ausstechen. Die Blättchen halb übereinandergelegt zu einem Rand um die Torte formen, die Tortenoberfläche mit einem Teiggitter belegen. Die Teigblättchen mit der Eigelb-Kondensmilch-Mischung bestreichen und die Linzer Torte bei 175 Grad 1 Stunde backen. (Foto rechts).
Die Torte schmeckt besonders gut, wenn sie einige Tage vor dem Anschneiden gebacken wird.

Zuger Kirschtorte

Pro Stück ca. 290 Kalorien
= 1212 Joule
Für den Teig: 7 Eiweiß
125 g Zucker, 250 g Mandeln
150 g Zucker, 1 gehäufter
Eßlöffel Kakao, 1 gehäufter
Eßlöffel Mehl, ca. 2 Likörgläser Kirschwasser
Für die Creme: 1 Päckchen
weißes Tortencremepulver
Außerdem: 1 Tortenboden
aus Biskuit (Höhe ca. 2 cm)
Für den Belag: geschälte
Pistazien, Maraschinokirschen

Für den Teig: Eiweiß zu steifem Schnee schlagen, Zucker gut unterschlagen. Mandeln fein reiben, mit Zucker, Kakao und Mehl vermischen und locker unter den Eischnee heben. Von dieser Masse 2 Böden auf ein gefettetes Blech von 20 cm Ø streichen und bei 175 Grad 40 Minuten backen. Biskuit-Tortenboden mit Kirschwasser tränken. Einen Mandelboden mit Buttercreme (aus Tortencreme-Pulver nach Vorschrift bereitet), gut mit Kirschwasser gewürzt, bestreichen. Biskuitboden auflegen, darauf den zweiten Mandelboden legen und ringsum mit Buttercreme bestreichen. Die Seiten der Torte mit geschälten, gehackten und gerösteten Mandeln garnieren. Die Oberfläche mit gesiebtem Puderzucker bestäuben, mit geschälten, feingehackten Pistazien bestreuen und mit Maraschinokirschen garnieren.

Schwarzwälder Kirschtorte

Pro Stück ca. 360 Kalorien
= 1504 Joule
Für den Teig: 4 Eier, Saft
1/4 Zitrone, 2 Eßl. Wasser
100 g Zucker, 75 g Mehl
30 g Speisestärke, 1 gehäufter
Eßlöffel Kakao, 1/2 gestrichener Teelöffel Backpulver
50 g gemahlene Mandeln
etwas gemahlene Nelken
Zimt
Für die Füllung: 1 kg frische
oder 1/1 Dose Sauerkirschen
3 Eßlöffel Zucker, 3 gehäufte
Eßlöffel Speisestärke
2 Likörgläser Kirschwasser
1/2 l süße Sahne, 1 Päckchen
Vanillinzucker, 1 gehäufter
Eßlöffel Zucker, 1 gehäufter
Teelöffel Gelatine oder
2 Beutel Sahnesteif
Für die Garnitur: Kirschen
2 gehäufte Eßlöffel blättrig
geschnittene Schokolade

Für den Teig: Eiweiß mit Zitronensaft und kaltem Wasser schaumig schlagen, Zucker eßlöffelweise darunterschlagen, so daß fester Schnee entsteht. Die Eigelb leicht unter den Schnee rühren, Mehl, Speisestärke, Kakao und Backpulver daraufsieben, Mandeln, Nelken und Zimt leicht unterheben. Bei Mittelhitze in 30 Minuten (ca. 180 Grad) backen. Für die Füllung: Sauerkirschen entsteinen, mit Zucker und 1/8 l Wasser 5 Minuten schwach kochen, Saft abgießen und mit angerührter Speisestärke binden. Kirschen zugeben, kalt werden lassen und das Kirschwasser unterrühren. Kirschen auf dem Tortenboden verteilen, Sahne schlagen, mit Vanillinzucker und Zucker süßen. Aufgelöste Gelatine fest unter die Sahne schlagen oder die Sahne mit Sahnesteif festigen. Auf die Kirschen streichen, die Torte kühl stellen. Den Rand der Torte mit blättrig geschnittener Schokolade garnieren. Nach Belieben mit abgetropften Kirschen belegen.

Obst-Rum-Torte

Für den Teig: Fett, Zucker und Vanillinzucker rühren, Eier, das mit Backpulver gesiebte Mehl, geriebene Mandeln und Milch nach und nach gut unterrühren und die Masse in einer flachen, ausgefetteten Kuchenform bei 180 Grad ca. 45 Minuten backen. Für die Rumcreme: Fett zerlassen. Tortencremepulver in Schüssel geben, 1/8 l kalte Milch zugießen, alles 1–2 Minuten sehr steif schlagen. Zerlassenes Fett 1 Minute unterschlagen. Die Creme zuletzt mit Rum abschmekken, den erkalteten Tortenboden mit Creme bestreichen, mit einem Rand umspritzen, mit Früchten belegen und diese mit Tortenguß, aus etwas Fruchtsaft bereitet, überpinseln. – Falls Sie keinen Rum mögen, können Sie statt dessen die Creme mit Cognac oder mit einem Obstschnaps abschmecken.

Pro Stück ca. 305 Kalorien = 1274 Joule
Für den Teig: 125 g Butter oder Margarine, 100 g Zucker, 1 Päckchen Vanillinzucker, 2 Eier 1/2 Päckchen Backpulver 200 g Mehl, 50 g geriebene Mandeln, 3 Eßlöffel Milch
Für die Creme: 60 g Butter oder Margarine, 1 Pck. Tortencremepulver (Vanille) für 1/8 l Milch 2 Likörgläser Rum
Für den Belag: 1 Dose Fruchtcocktail, 1 Beutel Tortenguß

Ananas-Käsesahne-Torte

Für den Teig: Mehl und Backpulver sieben, zusammen mit Zucker, Eigelb, Fett und Salz einen Mürbeteig bereiten, kalt stellen. Danach auswellen, den Boden einer Springform damit auslegen. Teig mehrmals mit einer Gabel einstechen, bei 200 Grad ca. 12 Minuten backen. Quark mit 1/8 l Ananassaft, Zucker, Vanillinzucker, abgeriebener Orangen- und Zitronenschale gut verrühren. Gelatine 5 Minuten in kaltem Wasser einweichen, in heißem Zitrussirup auflösen. Gut unter die Masse heben, steifgeschlagene Sahne unterschlagen. Mürbeteigboden auf passende Tortenplatte legen. Springformrand um den Tortenboden stellen, mit Pergamentpapier auslegen, Ränder mit Ananas garnieren. Ananasreste unter die Quarkcreme geben, einfüllen, im Kühlschrank in 1–2 Stunden fest werden lassen. Vor dem Servieren Springformrand lösen und Pergamentpapier abziehen.

Pro Stück ca. 460 Kalorien = 1922 Joule
Für den Teig: 125 g Mehl 1/4 Teelöffel Backpulver 50 g Zucker, 1 Eigelb 75 g Butter oder Margarine 1 Prise Salz
Für die Creme: 1 kg Quark 1/1 Dose Ananasscheiben oder frische Ananasscheiben (in Zuckerwasser erhitzt) 300 g Zucker, 2 Päckchen Vanillinzucker, abgeriebene Schale von 1 Orange und 1 Zitrone, 12 Blatt helle Gelatine, 1/2 l süße Sahne

Tortenfüllungen

Marmelade, Gelee oder Konfitüre von Johannisbeeren, Himbeeren, Erdbeeren, Ananas, Aprikosen, bitteren Orangen (für Schokoladentorten). Nach Belieben mit Zitronensaft, Orangensaft, Rum, Himbeergeist, Kirschwasser, Maraschino, Cherry-Likör, Weinbrand, Orangenlikör oder dergleichen verfeinern. Allein oder zusammen mit einer geschmacklich dazu passenden Creme in die Torte füllen.

Tortencremes

Grundcreme I mit Eigelb:

**Insgesamt ca.
2560 Kalorien
= 10700 Joule
2 Eigelb
250 g Butter
oder Margarine
150 g Puderzucker, 1 P.
Vanillinzucker**

Geschmeidige Butter oder Margarine schaumig rühren, Eigelb, Puderzucker und Vanillinzucker nach und nach kräftig unterschlagen. Die Creme hat dann die richtige Konsistenz, wenn sich der Zucker ganz aufgelöst hat und die Masse weißschaumig ist!

Grundcreme II mit Pudding:

**Insgesamt ca.
3000 Kalorien
= 12540 Joule
250 g Butter
oder Margarine
1 Prise Salz
150 g Zucker
1 Päckchen
Vanille-Puddingpulver
1/2 l Milch
1 Eßlöffel
Zucker**

Fett mit der Prise Salz schaumig rühren, Zucker nach und nach unterrühren. Puddingpulver mit 2 Eßlöffel kalter Milch anrühren. Milchrest aufkochen, Zucker zugeben, Puddingpulver einrühren und 1 Minute kochen lassen. Mit Frischhaltefolie bedecken (dann bildet sich keine Haut!) und auskühlen lassen. Unter die Fettcreme die abgekühlte Puddingcreme löffelweise unterrühren. Darauf achten, daß Fett und Creme dieselbe Temperatur haben, sonst kann die Tortencreme gerinnen. Durch die Beimischung von Pudding ist diese Tortencreme besonders ergiebig, aber auch kalorienreich.

Grundcreme I und II können mit beliebigen Aromastoffen verändert werden:

Mokka: *2 Teelöffel Pulverkaffee (Mocca)*

Schoko: *1/2 Tafel zerlassene, lauwarme Vollmilch-Schokolade*

Nougat: *75 g geröstete, fein geriebene Haselnüsse*

Karamel: *50 g Zucker zu Karamel gebrannt, mit 3 Eßlöffel Wasser gelöst und eingekocht*

Kokos: *50 g Kokosraspeln unter dem Grill geröstet mit 1 Löffelspitze Zimt vermischt*

Zitrone: *Saft von 1 Zitrone und 25 g feingehacktes Zitronat*

Rum oder Kirsch: *2–3 Likörgläser Rum oder Kirschwasser*

Farbtafel für Garnierungsvorschläge auf S. 69

Tortenglasuren

Mit Puderzucker

250 g Puderzucker verrühren mit:

Zitrone: *2 Eßlöffel Zitronensaft und 2 Eßlöffel heißes Wasser*

Punsch: *je 1 Eßlöffel heißes Wasser, Rum, Zitronen- und Orangensaft*

Kaffee: *4 Eßlöffel stark aufgebrühter Kaffee*

Schokolade: *40 g Kakao, 1 Löffelspitze Pulverkaffee unter den Puderzucker gemischt und 4 Eßlöffel heiße Milch*

Zimt: *1 gestrichener Teelöffel Zimt, 4 Eßlöffel heißes Wasser*

Mit Kokosfett

150 g Kuvertüre im Wasserbad zerlassen. 75 g Kokosfett untermischen und verrühren. 1 Teelöffel Rum unterrühren. Diese Glasur immer nur lauwarm verwenden.

Praktische Tips beim Tortenbacken

Torte querteilen
Den Tortenboden mit einem spitzen Messer ringsum einritzen, einen Zwirn in die Rille legen und zusammenziehen; dadurch erhalten Sie gleichmäßige Schichten.

Einwandfreie Verzierung
Den Rand mit Creme oder Sahne bestreichen, die Streusel mit Hilfe der Palette an den Rand drücken, dann erst die Oberfläche verzieren.

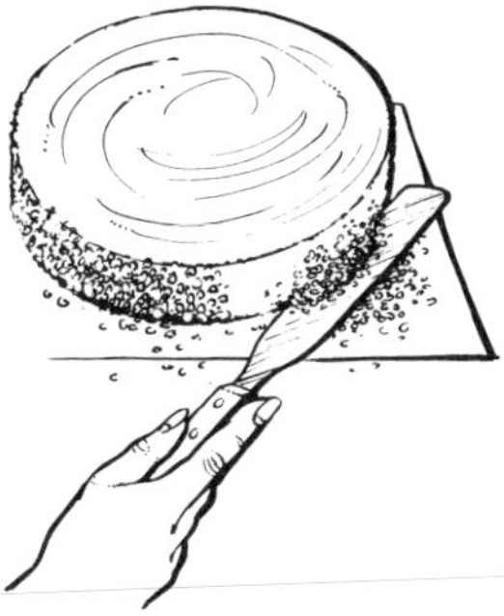

Stücke einzeichnen
Palette oder Messer stets in kaltes Wasser tauchen und dann wie hier die Tortenstücke markieren.

Spritzbeutel halten
Mit der einen Hand gleichmäßig von oben nach unten auf den verschlossenen, gefüllten Beutel drükken, mit Zeigefinger und Daumen der anderen Hand die Tülle führen.

Frankfurter Kranz

Pro Stück ca. 670 Kalorien
= 2800 Joule
150 g Margarine, 150 g
Zucker, 4 Eier, 175 g Mehl
75 g Speisestärke
3 gestrichene Teelöffel
Backpulver
Für die Creme: 250 g Butter
1 Päckchen Tortencreme-
pulver, 1/2 l Milch, 1 Likör-
glas Rum
Für den Krokant: 1 Eßlöffel
Butter, 4 gehäufte Eßlöffel
Zucker, 75 g Mandelsplitter

Für den Teig: Margarine und Zucker rühren und die Eier dabei einzeln hinzufügen. Mehl mit Speisestärke und Backpulver mischen und löffelweise darunterrühren. Den Teig in eine gefettete Kranzform geben und bei 175 Grad 40–50 Minuten backen. Für die Creme: Aus 250 g Butter, Tortencremepulver und Milch nach Vorschrift eine Creme bereiten, Rum hinzufügen. Für den Krokant 1 Eßlöffel Butter und Zucker erhitzen und dabei rühren, bis die Masse goldgelb ist. Mandelsplitter darin goldbraun rösten, auf eine geölte Platte geben, erkalten lassen und mit dem Messer grob hacken. Den Kuchen waagrecht in zwei Teile schneiden, mit derTortencreme füllen und bestreichen, reichlich mit Mandelkrokant bestreuen. (Foto rechts).

Tip: *Sollte Ihnen die Zeit fehlen, Krokant für den Frankfurter Kranz selbst herzustellen, können Sie ihn auch fertig kaufen. Achten Sie aber darauf, daß er frisch ist, er könnte sonst leicht ranzig schmecken und den Kuchen verderben.*

Rum-Savarin

Pro Stück ca. 320 Kalorien
= 1337 Joule
Für den Teig: 250 g Mehl
10 g Hefe, 4 Eßlöffel Milch
3 Eßlöffel Zucker, 100 g
Butter oder Margarine
4 Eier, 1 Prise Salz
Zum Tränken des Savarins:
4 Eßlöffel Zucker, 4 Eßlöffel
Wasser, Saft von 3 Orangen
und 1 Zitrone, 1/2 Tasse
Rum
Für die Garnitur: Orangen
Maraschinokirschen, 1/4 l
süße Sahne, 1 Päckchen
Vanillinzucker

Für den Teig: Mehl warm stellen. Hefe mit lauwarmer Milch und 1/2 Teelöffel Zucker verrühren, zugießen, mit wenig Mehl vermischen. Mit Mehl bestäuben und zugedeckt an einem warmen Ort gehen lassen. Das zerlassene Fett, Eier, Zucker und Salz zum Mehl rühren und gut kneten. In eine ausgefettete und bemehlte Ringform füllen, nochmals gehen lassen. Bei 200 Grad ca. 40 Minuten backen. Danach den Kuchen stürzen. Zum Tränken des Savarins: Zucker mit Wasser, Orangen- und Zitronensaft 3–4 Minuten kochen. Rum zugeben und den Sirup in die Ringform gießen. Kuchen einlegen, so daß er den Sirup aufsaugt, stürzen. Mit Orangen, Kirschen und gesüßter, steifgeschlagener Sahne garnieren. (Foto rechts).

Maraschinotorte

Pro Stück ca. 360 Kalorien = 1504 Joule
Für den Teig: 5 Eier, 200 g Zucker, 2 Eßlöffel warmes Wasser, 1 Päckchen Vanillinzucker, 150 g Mehl
25 g Speisestärke
2 Teelöffel Backpulver
Für die Creme: 250 g Margarine, 200 g Zucker
4 Likörgläser Maraschino
1 Päckchen Himbeer-Puddingpulver, 1/2 l Milch
3 Eßlöffel Himbeersirup
Für die Garnitur: 50 g Pistazien

Eigelb mit Wasser, Zucker und Vanillinzucker schaumig rühren. Eiweiß zu steifem Schnee schlagen. Auf die Eigelbcreme geben und darüber Mehl, Speisestärke und Backpulver sieben. Locker vermischen. In eine am Boden gefettete Springform füllen und bei 175 Grad 30 Minuten backen. Erkaltet zweimal durchschneiden. Für die Creme: Margarine mit Zucker cremig rühren. Himbeerpudding nach Vorschrift bereiten. Erkaltet, löffelweise unter die Fettcreme rühren, zuletzt 2 Likörgläser Maraschino und Himbeersirup untermischen. Tortenböden mit restlichem Maraschino beträufeln, mit Creme bestreichen und zusammensetzen. Torte auch außen mit Creme bestreichen. Mit einer Gabel oder einem Buntmesser in Wellenlinien verzieren. Mit geschälten, gehackten Pistazien bestreuen.

Makronentorte

Pro Stück ca. 380 Kalorien = 1588 Joule
Für den Teig: 5 Eier
3 Eßlöffel warmes Wasser
Salz, 125 g Zucker, 150 g Mehl, 1 Teelöffel Backpulver
Für die Füllung: 125 g Sultaninen, 125 g Korinthen
125 g Haselnüsse, abgeriebene Schale von 1 Zitrone
3 Likörgläser Rum, 1/2 Glas Aprikosenmarmelade
Für den Belag: 150 g Puderzucker, 250 g Marzipanrohmasse (im Handel erhältlich)
125 g Haselnüsse

5 Eigelb mit Wasser und Zucker weißschaumig schlagen. 3 Eiweiß mit 1 Prise Salz zu steifem Schnee schlagen und auf die Eigelbmasse geben. Mehl mit Backpulver darübersieben und alles locker vermischen. In am Boden gefettete Springform füllen und bei 175 Grad etwa 25 Minuten backen. Herausnehmen und stürzen, erkaltet einmal aufschneiden. Für die Füllung Sultaninen und Korinthen heiß abspülen und trocken werden lassen. Haselnüsse unter dem Grill rösten und die Häute mit einem Tuch abreiben, grob hacken. Mit Zitronenschale, Rum und 1/4 Glas Marmelade zu den Rosinen geben und vermischen. In die Torte füllen. Für den Belag: 2 Eiweiß mit Puderzucker und Marzipanrohmasse bis zur Bindung verrühren. In einen Spritzbeutel füllen und die Oberfläche der Torte damit beliebig garnieren. Bei 200 Grad 15 Minuten goldgelb überbacken. Zwischenräume mit erwärmter Marmelade füllen. Tortenrand ebenfalls mit Marmelade bestreichen und mit gerösteten, feingehackten Haselnüssen reichlich bestreuen.

Baisertorte

Pro Stück ca. 195 Kalorien
= 815 Joule
6 Eiweiß, 1 Prise Salz
100 g Zucker, 250 g
Puderzucker, 1/2 l süße
Sahne, 2 Päckchen Sahnesteif
25 g Puderzucker
2 Päckchen Vanillinzucker
1 Eßlöffel Kakao

Zuerst 3 Blätter Pergamentpapier in der Größe einer Kuchenform (24 cm ∅) ausschneiden. 2 Blätter mit Bleistift in 12 Teile markieren.
Das Eiweiß mit 1 Prise Salz gut schaumig schlagen. Danach Zucker 1 Minute gut unterschlagen. Puderzucker zuletzt mit einem Gummischaber locker unterheben, nicht rühren. Baisermasse in großen Spritzbeutel mit Sterntülle füllen und auf das runde Papier (ohne Markierung) beginnend von der Mitte, spiralförmig spritzen. Auf den markierten Papierkreisen in jedes zweite Feld vom Rand beginnend in Wellenlinien (wie bei „Flammende Herzen") spritzen. Die Baisers auf zwei angewärmte (dann lösen sich die Baisers leicht vom Papier) Bleche verteilen, eventuell ein Papier mit den Baiserteilen in der Mitte auseinanderschneiden. Im Backofen bei 100 Grad 2 Stunden trocknen. Beide Bleche können übereinandergeschoben werden. Die Baisers müssen hell bleiben, Backofentüre eventuell etwas geöffnet lassen. Wenn die Oberhitze zu groß ist, die Fettpfanne einschieben oder locker mit Alufolie abdecken. Die Baisers danach vom Papier lösen. Runden Boden auf Tortenplatte legen. Sahne mit Sahnesteif schlagen, Puderzucker und Vanillinzucker untermischen, auf Baiserboden in Tortenform hoch aufstreichen. Mit den Baiserteilen wie Tortenstücke belegen. Mit Kakao überstäuben. Sofort servieren.

Feine Sandtorte

Pro Stück ca. 380 Kalorien
= 1588 Joule
350 g Butter, abgeriebene
Schale von 1 Zitrone
8 Eier, 350 g Puderzucker
1 Prise Salz, je 175 g
Speisestärke und Mehl
Zum Bestäuben:
50 g Puderzucker

Butter mit der Zitronenschale gut schaumig schlagen, abwechselnd 2 Eier und 6 Eigelb und Puderzucker unterrühren. Danach Speisestärke und das Mehl daruntergeben. 6 Eiweiß mit 1 Prise Salz zu steifem Schnee schlagen und locker unter die Masse heben. In gefettete, mit Mehl bestäubte Form füllen. Bei 175 Grad 75 Minuten backen. Vorsichtig stürzen. Abgekühlt mit Puderzucker bestäuben.

Nuß-Creme-Rolle

Pro Stück ca. 350 Kalorien = 1463 Joule
Für den Teig: 4 Eier, 100 g Zucker, 4 Eßlöffel warmes Wasser, 1 Päckchen Vanillinzucker, abgeriebene Schale von 1 Zitrone, 100 g Mehl 25 g Speisestärke, 1 Löffelspitze Backpulver, beliebiger Likör. Für die Cremefüllung: 1 Päckchen Tortencremepulver, 1/2 l Milch 250 g Butter oder Margarine. Für den Krokant: 2 Eßlöffel Butter
3 gehäufte Eßlöffel Zucker
150 g abgezogene, grob gehackte Mandeln

Für den Teig: Eigelb mit Zucker, Wasser, Vanillinzucker und Zitronenschale schaumig rühren. Eiweiß steifschlagen. Mehl, Speisestärke und Backpulver mischen, mit dem Eischnee auf die Eigelbcreme geben und locker daruntermischen. Den Teig ca. 1 cm dick auf ein mit gefettetem Pergamentpapier belegtes Backblech streichen und bei 200 Grad 15 Minuten backen. Auf ein mit Zucker bestreutes Küchentuch stürzen, das Pergamentpapier befeuchten und abziehen. Den Kuchen mit Likör beträufeln und mit dem Tuch fest zusammenrollen. Die Creme wie empfohlen aus Tortencremepulver, Milch und Butter oder Margarine zubereiten. Für den Krokant: Butter erhitzen, Zucker hell bräunen und die Mandeln darin rösten. Auf geöltem Blech kalt werden lassen und zerkleinern. Den aufgerollten Biskuit mit der Creme füllen, wieder zusammenrollen und mit Krokant bestreuen. (Foto rechts).

Rehrücken

Pro Stück ca. 185 Kalorien = 773 Joule
4 Eier, 75 g Zucker
1 Päckchen Vanillinzucker
75 g geriebene Mandeln
75 g geriebene Halbbitter-Schokolade, 1/2 gehäufter Teelöffel Zimt, 1 Eßlöffel klein gehacktes Orangeat
1 Eßlöffel klein gehacktes Zitronat, 3 zerdrückte Zwiebäcke, 2 Becher Schokoladen-Fettglasur
50 g Mandelstifte

2 Eigelb und 2 Eier mit Zucker und Vanillinzucker schaumig rühren. Eiweiß zu steifem Schnee schlagen und auf die Eigelbmasse geben. Mandeln, Schokolade, Zimt, Orangeat, Zitronat und Zwiebackbrösel locker daruntermischen. Eine Rehrückenform einfetten und mit Mehl bestäuben. Den Teig hineinfüllen und bei 175 Grad 45 Minuten backen. Dann stürzen und erkalten lassen. Schokoladen-Fettglasur wie empfohlen auflösen, über den Kuchen gießen und fest werden lassen. Rehrücken mit den Mandelstiften bestecken. Der „gebackene Rehrücken“ ist durch sein lustiges Aussehen besonders bei Kindern sehr beliebt. Er ist daher der ideale Kuchen für Kindergeburtstage, denn Kinder schätzen außerdem den feinen Geschmack von Schokoladenkuchen über alles. (Foto rechts).

Schokoladentorte

Pro Stück ca. 350 Kalorien = 1463 Joule
Für den Teig: 4 Eier
3 Eßlöffel Milch, 200 g Zucker, 1 Päckchen Vanillinzucker, 1 Prise Zimt
125 g Mehl, 100 g Speisestärke, 2 gestrichene Teelöffel Backpulver
50 g Kakao, 75 g Butter oder Margarine
Für die Creme: 250 g Butter oder Margarine,
1 Pck. Tortencremepulver (Vanille) für 1/2 l Milch,
2 Likörgläser Rum
1/2 Tafel Schokolade
Für die Garnitur: Buntzucker Krokant, Schokoladenstreusel

Für den Teig: Eigelb mit Milch verrühren und mit 3/4 des Zuckers, Vanillinzucker und Zimt gut schaumig rühren. Das Eiweiß zu Schnee schlagen, den restlichen Zucker unterschlagen und auf die Eigelbmasse geben. Darüber das Mehl-Speisestärke-Backpulver-Kakao-Gemisch sieben, mit einem Schneebesen alles locker untereinanderheben und zuletzt die zerlassene Butter unterrühren. Den Teig in eine nur am Boden gefettete Springform füllen, am Rand etwas hochstreichen und bei 180 Grad etwa 40 Minuten backen. Den erkalteten Tortenboden einmal durchschneiden. Für die Creme: Fett schaumig rühren. In einem anderen Gefäß Tortencremepulver mit Milch cremig rühren, löffelweise das Fett unterschlagen. Creme mit Rum abschmecken. Zuletzt die im Wasserbad aufgelöste Schokolade unter die Hälfte der Creme rühren. Einen Teil der Schokoladencreme zwischen die beiden Tortenplatten streichen, mit der hellen Creme die Torte außen bestreichen und mit der restlichen dunklen Creme verzieren. Mit Buntzucker, Krokant oder Schokoladenstreuseln nach Belieben garnieren.

Schokoladentorte mit Aprikosen

Pro Stück ca. 455 Kalorien = 1901 Joule
Für den Teig: 175 g Butter
175 g Zucker, 1 Päckchen Vanillinzucker, 3 Eier, 175 g Speisestärke, 2 knappe Teelöffel Backpulver, 1 Prise Salz, 50 g Mehl

Für den Teig: Das Fett schaumig rühren, Zucker und Vanillinzucker zufügen und gut unterrühren, die Eier nach und nach dazugeben. Die Masse weiterschlagen, bis sie cremig und weiß wird. Speisestärke, Backpulver und Salz sieben, mit dem Mehl mischen, portionsweise in die Schaummasse geben und vorsichtig unterheben. Den Teig in eine gefettete, bemehlte Springform füllen. Bei Mittelhitze (ca. 180 Grad) 45 bis 60 Minuten backen. Den erkalteten Tortenboden zweimal waagrecht durchschneiden. Für Füllung und Belag: Milch für die Schokoladencreme zum Kochen bringen, die angerührte Speisestärke dazugeben. Zucker zufügen und unter Rühren aufkochen und erkalten lassen. Die Butter oder Margarine schaumig rühren, Puderzucker und Kakao mischen und unter die Butter rühren. Dann löffelweise den erkalteten Flammeri zufügen, die Creme gut durchrühren und abschmecken. 2/3 der Masse auf die unteren Tortenplatten streichen, die Platten aufeinandersetzen, mit dem restlichen Drittel der Creme die Torte obenauf und rundherum bestreichen. Den Rand der Torte mit Aprikosen, die Mitte mit Borkenschokolade und die Seiten mit Borkenschokoladenstückchen garnieren. Um die Aprikosen ein Kränzchen aus Buntzucker streuen.

Für die Füllung und Belag:
1/2 l Milch, 40 g Speisestärke, 2 Eßlöffel Zucker
250 g Butter oder Margarine
100 bis 125 g Puderzucker
3 Eßlöffel Kakao, 1 Dose Aprikosenhälften, 125 g Borkenschokolade, 1 Beutel Buntzucker

Käse-Kirsch-Torte

Auf eine Tortenplatte den Rand einer Springform (22 cm ∅) setzen und mit einem Streifen Pergamentpapier auslegen. Die Gelatine in kaltes Wasser legen. Zwiebäcke fein zermahlen. Die Krümel mit zerlassener warmer Butter, Zucker und dem Bittermandelöl mischen, auf die Tortenplatte schütten und andrücken. Orangensaft aufkochen und 10 Blatt ausgedrückte Gelatine darin auflösen. Quark und Zucker gut verrühren, die Sahne steifschlagen und darunterziehen. Den Orangensaft hineinrühren, die Creme auf den Tortenboden streichen und den Kuchen in den Kühlschrank stellen. Dann Kirschsaft, 2 gehäufte Eßlöffel Zucker und den Saft der Zitrone aufkochen, die restliche Gelatine darin auflösen und auch in den Kühlschrank stellen. Wenn der Kirschsaft zu gelieren beginnt, Kirschen schnell auf den Tortenboden legen und mit dem fest werdenden Kirschsaft übergießen. Vor dem Servieren die Torte mindestens 2 Stunden kalt stellen, damit sie schnittfest wird.

Pro Stück ca. 220 Kalorien = 919 Joule
12 Blatt helle Gelatine
10 Stücke Zwieback, 50 g Butter, 1 Eßl. Zucker
2–3 Tropfen Bittermandel-Backaroma
1/8 l Orangensaft, 500 g Sahnequark, 125 g Zucker
3/8 l süße Sahne, 1 Glas Maraschinokirschen
1 Zitrone

Kokos-Ananas-Torte

Pro Stück ca. 400 Kalorien = 1672 Joule
Für den Teig: 10 Eier, 300 g Zucker, etwas abgeriebene Zitronenschale, 1 Päckchen Vanillinzucker, 150 g Mehl 50 g Speisestärke, 150 g Margarine
Für die Füllung: 250 g Butter 1 Eßlöffel Puderzucker, 80 g Kokosraspeln, 1 Schuß Rum 3 Teelöffel gesiebter Kakao 2 Eßlöffel Erdbeermarmelade, 1 Schuß Kakao-Nuß-Likör, 1/2 Tasse Weißwein 3 Ananasscheiben, 2 Eßlöffel Aprikosenmarmelade
Für die Garnitur: Kokosraspeln, Ananasscheiben, Kokoscreme Zuckermimosen

Eier mit dem Zucker über Wasserdampf dicklich schlagen und kalt rühren. 1/4 der Eimasse kalt stellen. Die übrige Eimasse mit Zitronenschale, Vanillinzucker, Mehl und Speisestärke sowie der zerlassenen Margarine mischen und in eine mit Pergamentpapier ausgelegte Springform füllen. Den Kuchen im vorgewärmten Backrohr bei 170 Grad etwa 35 Minuten backen. Auf ein Gitter stürzen und erkalten lassen. Für die Füllung: Butter mit Puderzucker schaumig rühren, nacheinander eßlöffelweise die restliche Eimasse dazugeben und die fertige Buttercreme halbieren. Einen Teil mit 50 g gerösteten Kokosraspeln und einem Schuß Rum, den anderen Teil mit gesiebtem Kakao, Erdbeermarmelade und 1 Schuß Kakao-Nuß-Likör vermischen. Den erkalteten Kuchen waagrecht dreimal durchschneiden. Die untere Platte mit Weißwein anfeuchten, mit Ananasstücken, die mit Aprikosenmarmelade gebunden wurden, bedecken. Die zweite Platte mit Weißwein beträufeln und mit Kokoscreme bedecken (3 Eßlöffel Creme zurücklassen). Dritte Platte daraufsetzen, diese und die Seiten mit Schokoladencreme bestreichen. Garnitur wie Foto rechts.

Rum-Schokoladen-Torte

Pro Stück ca. 260 Kalorien = 1086 Joule
Für den Teig: 4 Eier, 180 g Zucker, 75 g Speisestärke 75 g Mehl, 1/2 gestrichener Teelöffel Backpulver 1 gehäufter Eßlöffel Kakao 1 Teelöffel Pulverkaffee
Für die Creme: 250 g Butter oder Margarine, 100 g Torten-Cremepulver 2 Päckchen Vanillinzucker 1 Ei, 2–3 Likörgläser Rum
Für die Garnitur: Rumpralinen, dünne Schokoladentäfelchen einige geschälte Pistazien

Für den Teig: Eier mit Zucker schaumig schlagen. Speisestärke, Mehl, Backpulver, Kakao und Pulverkaffee zusammen sieben, unter die Eimasse heben, in eine gefettete und bemehlte Springform füllen. Bei 180 Grad in ca. 35 Minuten backen, stürzen, erkalten lassen, zweimal waagrecht durchschneiden. Für die Creme: Fett schaumig rühren, Torten-Cremepulver und Vanillinzucker zugeben. Das Ei und den Rum in einen Meßbecher geben und bis 200 ccm mit Wasser auffüllen, zum Fett geben und alles gut verrühren. Torte zweimal füllen, außen mit Creme bestreichen und den Rand mit Creme bespritzen. Mit den angegebenen Zutaten hübsch garnieren. (Foto rechts).

Mandarinen-Haselnuß-Torte

Pro Stück ca. 250 Kalorien = 1045 Joule
Für den Teig: 5 Eier
175 g Zucker, 1 Teelöffel Zimt, 200 g gemahlene Haselnüsse, 2 gehäufte Eßlöffel Mehl, 2 gestrichene Teelöffel Backpulver
Für den Belag: 1 Dose Mandarinen
2 Eßlöffel Zucker

Eier, Zucker und Zimt gut schaumig rühren, Haselnüsse und das mit dem Mehl gemischte Backpulver daruntermischen. Eine Automatik-Kochplatte auf Stufe 7 einstellen, eine kunststoffbeschichtete Pfanne (24 cm ∅) daraufstellen, mit etwas Butter ausstreichen und den Teig hineinfüllen. Den Deckel aufsetzen, die Torte etwa 55 Minuten backen, dann auf ein Gitter stürzen und abkühlen lassen. Die Mandarinenstücke darauflegen und den Saft mit dem Zucker 5 Minuten kochen. Die Mandarinen mit dem Zuckersirup bestreichen und die Torte eventuell mit Schlagsahne und Haselnüssen garnieren.
Tip: Sie können die Torte auch in einer Springform backen: 50 Minuten bei 180 Grad.

Tip: *So werden Pistazien geschält: Pistazien mit kochendem Wasser übergießen, zwei bis drei Minuten weichen lassen, dann abgießen und mit Daumen und Zeigefinger aus den Schalen drücken.*

Englische Mokkatorte

Pro Stück ca. 620 Kalorien = 2591 Joule
Für den Teig: 175 g Butter oder Margarine, 175 g Zucker, 5 Eier, 2 Eßlöffel Marmelade (möglichst Erdbeer oder Himbeer), 175 g Schokolade, 175 g Mehl
1 gestrichener Teelöffel Backpulver, 50 g gemahlene Mandeln
Für die Creme: 250 g Butter oder Margarine, 250 g Puderzucker, 2 Eigelb
1/2 Teelöffel geriebene Orangenschale, 1 Eßlöffel Pulverkaffee, Pistazien

Für den Teig: Fett und Zucker schaumig rühren, das Eigelb nach und nach daruntergeben und die Marmelade und die im heißen Wasserbad geschmolzene Schokolade hineinrühren. Mehl und Backpulver sieben, die gemahlenen Mandeln und das steifgeschlagene Eiweiß unter die Fett-Ei-Masse heben. Eine Kuchenform am Boden ausfetten, den Teig einfüllen und bei 180 Grad ca. 1 Stunde backen. Für die Creme das geschmeidige Fett, Zucker und Eigelb schaumig rühren und die abgeriebene Orangenschale und den Pulverkaffee untermischen. Die Torte zweimal durchschneiden, mit der Creme füllen und ringsum bestreichen, mit gehackten Pistazien garnieren.

Erdbeer-Sahne-Torte

Den Rand einer Springform leicht einfetten und mit einem Pergamentstreifen belegen. Den Tortenboden in die Springform einlegen und diese schließen. Die Sahne schlagen, mit Vanillinzucker süßen. Die Erdbeeren mit einer Gabel zerdrücken, Weinbrand zugeben und zuckern. Die Gelatine mit 2 Eßlöffel kaltem Wasser oder auch etwas mehr Wasser 5 Minuten quellen lassen und mit 4–6 Eßlöffel heißem Wasser auflösen. Die Erdbeeren unter die Sahne mischen und die heiße Gelatine schnell unterrühren. Sofort alles auf den Tortenboden füllen und kalt stellen. Die Torte mit Sahne, Waffeln und Erdbeeren garnieren.

Pro Stück ca. 200 Kalorien = 836 Joule
1 Tortenboden, 1/2 l süße Sahne, 2 Päckchen Vanillinzucker, 500 g Erdbeeren
6 Eßlöffel Zucker
4 Eßlöffel Weinbrand
2 gehäufte Teelöffel Gelatine

Erdbeer-Quark-Torte

Den Tortenboden auf eine Tortenplatte setzen und die Gelatine in kaltem Wasser einweichen. Quark mit Zucker, Vanillinzucker, Saft und abgeriebener Orangenschale schaumig rühren. Sahne steifschlagen und unter die Quarkcreme heben. Die Gelatine ausdrücken, in 3 Eßlöffel kochendem Wasser auflösen, schnell mit dem Schneebesen unter die Quarkcreme rühren und die Creme auf den Tortenboden streichen. Den Kuchen etwa 1 Stunde kalt stellen, Torte mit halbierten Erdbeeren belegen.

Pro Stück ca. 290 Kalorien = 1212 Joule
1 Biskuit-Tortenboden
4 Blatt helle Gelatine, 250 g Magerquark, 75 g Zucker
2 Päckchen Vanillinzucker
Saft und abgeriebene Schale von 1 Orange, 1/4 l süße Sahne, 750 g Erdbeeren

Walnußtorte

Walnußkerne fein mahlen, mit Speisestärke, Zimt, Nelken, Pulverkaffee und Kakao vermischen. Eigelb mit Zucker weißschaumig rühren. Eiweiß zu steifem Schnee schlagen, auf die Eigelbcreme geben und darauf die Nüsse. Alles locker vermischen und in eine gefettete, mit Mehl bestäubte Springform füllen. Bei 170 Grad 1 Stunde backen. Erkaltete Torte ringsum mit Konfitüre, verrührt mit Kirschwasser, bestreichen. Mit erwärmter Schokoladen-Glasur bestreichen und fest werden lassen. Torte mit Schlagsahne verzieren.

Pro Stück ca. 360 Kalorien = 1504 Joule
250 g Walnußkerne, 15 g Speisestärke, 1 Teel. Zimt
1 Löffelspitze gemahlene Nelken, 1 Teel. Pulverkaffee
1 gehäufter Eßl. Kakao
8 Eier, 250 g Zucker
Glasur: 1/3 Glas Erdbeer-Konfitüre, 1 Likörglas Kirschwasser oder Himbeergeist, 200 g Schokolade-Fettglasur, 1/4 l süße Sahne
1 Päckchen Vanillinzucker

Quarktorte

Pro Stück ca. 300 Kalorien = 1254 Joule
Für den Teig: 125 g Mehl 1 gestrichener Teelöffel Backpulver, 50 g Margarine 50 g Zucker, 1 Eigelb, 1 Eßlöffel Milch
Für die Käsecreme: 750 g Quark, 5 Eier, 1 gestrichener Teelöffel Backpulver, 80 g Speisestärke, 180 g Zucker 1 Päckchen Vanillinzucker 1 Tasse Milch, abgeriebene Schale von 1 Zitrone, 100 g Sultaninen, Puderzucker

Für den Teig: Mehl mit dem Backpulver zusammen sieben. Fett und Zucker dazugeben und mit dem Eigelb und 1 Eßlöffel Milch locker vermischen. Alles zusammenkneten und ca. 1/2 Stunde im Kühlschrank kalt stellen. Den Teig rund auswellen und den Boden einer Springform damit belegen. Den Teig mit einer Gabel einige Male einstechen. Für die Käsecreme: Quark in eine Rührschüssel geben, die Eigelb einzeln unterziehen. Mit Backpulver vermischte Speisestärke löffelweise hinzufügen und 2/3 des Zuckers und den Vanillinzucker hineingeben. Die Creme mit der Milch verrühren und mit abgeriebener Zitronenschale würzen. Das Eiweiß mit dem Rest des Zuckers zu sehr festem Schnee schlagen. Schnee unter die Quarkmasse heben. Die gewaschenen und abgetrockneten Sultaninen auf den Mürbeteigboden legen. Die Quarkmasse daraufgeben und im vorgeheizten Rohr auf der Unterschiene 15 Minuten bei 200 Grad backen, dann weitere 45 Minuten bei 180 Grad. Nach den ersten 15 Minuten Backzeit den Kuchen herausnehmen, die hochgegangene Quarkmasse am oberen Rand einschneiden und dann wie beschrieben weiterbacken. Nach dem Erkalten mit Puderzucker bestreuen. (Foto rechts).

Mandel-Schokoladen-Torte

Pro Stück ca. 390 Kalorien = 1630 Joule
1 Paket gefüllte Schokoladentorte (backfertig gemischt mit Tortenteig und Cremefüllung), 130 g geschmeidige Butter oder Margarine, 1 Ei, etwas Wasser, 2 Likörgläser Weinbrand oder Rum, 2 Beutel gehobelte Mandeln

Den Tortenteig nach Angaben auf der Packung mit 100 g Fett, 1 Ei und Wasser bereiten und in zwei Alufolie-Kuchenformen bei 175 Grad in ca. 50 Minuten backen. Die Cremefüllung nach Vorschrift auf der Packung mit dem restlichen Fett und kochendem Wasser bereiten. Die erkalteten, mit Weinbrand oder Rum beträufelten Kuchen aufschneiden, mit Creme füllen, bestreichen und mit den leicht gerösteten Mandeln bestreuen. – Eine Torte, die wenig Arbeit macht. (Foto rechts).

Mandeltorte „Osterhase“

Pro Stück ca. 380 Kalorien = 1588 Joule
1 dreiteiliger Biskuit-Tortenboden, 1/2 Glas Johannisbeer-Konfitüre
2 Likörgläser Weinbrand
200 g Mandeln, 1/2 l süße Sahne, 2 Päckchen Sahnesteif
2 gehäufte Teelöffel Puderzucker, bunte Ostereier und Korinthen

Johannisbeer-Konfitüre mit Weinbrand verrühren und auf die zwei unteren Tortenböden streichen. Die Torte zusammensetzen, 150 g Mandeln kurz in kochendes Wasser geben, kalt abbrausen, abziehen und fein mahlen. Die Sahne halbsteif schlagen, Sahnesteifmittel hinzufügen und weiterschlagen, bis die Sahne ganz steif ist. Dann Puderzucker und Mandeln daruntermischen und die Torte damit bestreichen. Die übrige Sahne in Tupfern auf Tortenrand und -mitte spritzen. Mit Korinthen und halbierten Mandeln so garnieren, daß die Sahnetupfer wie Osterhasengesichter aussehen. Auf die Mitte bunte Zucker-Ostereier geben.

Ostertorte

Pro Stück ca. 420 Kalorien = 1755 Joule
175 g Butter oder Margarine
abgeriebene Schale von 1/2 Zitrone, 3 Eier, 250 g Zucker
1 Eßlöffel Zitronensaft
300 g Mehl, 2 gestrichene Teelöffel Backpulver
1/8 l Milch, etwas Weißwein
1 Päckchen Vanillepudding (ohne Kochen)
1/4 l Milch, 1/4 l Schlagsahne, 2 Gläschen Weinbrand
gehackte Pistazien und bunte Ostereier

Fett, Zitronenschale, Eier und Zucker schaumig rühren. Zitronensaft dazugeben. Mehl mit Backpulver mischen und abwechselnd mit der Milch darunterrühren. Den Teig in eine gefettete Springform füllen und bei 150 Grad 1 1/4 Stunden backen. Aus der Form lösen, waagrecht halbieren und mit Wein beträufeln. Puddingpulver mit zimmerwarmer Milch anrühren und sofort die steifgeschlagene Sahne darunterziehen. Mit Weinbrand abschmecken und die Torte mit der Hälfte der Creme füllen. Den Rand mit Creme bestreichen und die Oberfläche mit dem Rest verzieren. Mit Pistazien und Ostereiern garnieren.

St.-Martins-Torte

Pro Stück ca. 255 Kalorien = 1065 Joule
4 Eier, 100 g Zucker
3 Eßlöffel heißes Wasser
75 g Mehl, 50 g Speisestärke
1/2 gestrichener Teelöffel Backpulver, 1/2 l süße Sahne

Eigelb mit Zucker und Wasser schaumig schlagen. Eiweiß steifschlagen. Mehl, Speisestärke und Backpulver mischen, mit dem Eischnee auf die Eigelbcreme geben und locker daruntermischen. Den Boden einer Springform (25 cm ∅) mit Pergamentpapier belegen, den Teig hineinfüllen und bei 180 Grad 35 Minuten backen.

Die Sahne mit Sahnesteifmittel sehr steif schlagen und dann Puderzucker, Vanillinzucker und Mandeln daruntermsichen. Den erkalteten Tortenboden halbieren, mit Weinbrand beträufeln und mit entkernten Trauben und Sahne füllen und garnieren – je die Hälfte zum Füllen und Garnieren nehmen.

2 Beutel Sahnesteif
2 gehäufte Eßlöffel Puderzucker, 2 Päckchen Vanillinzucker, 75 g geschälte, gemahlene Mandeln
4 Likörgläser Weinbrand
750 g blaue Trauben

Weihnachtliche Sahnetorte

Den Tortenboden waagrecht zweimal durchschneiden oder schon durchgeschnitten kaufen. Die Kuvertüre zerlassen, auf Pergamentpapier streichen und kalt werden lassen. Eine Tortenscheibe mit der Marmelade bestreichen, die zweite darauflegen und mit 1/4 Tasse Kirschwasser, Himbeergeist oder Weinbrand beträufeln. Die Sahne steifschlagen und San-Apart oder Sahnesteif wie empfohlen, Puderzucker und den übrigen Alkohol hineingeben und 1/4 davon auf die getränkte Torte streichen. Die letzte Tortenscheibe darauflegen und alles mit Sahne bestreichen und betupfen. Mit Schokoladensternchen und Kerzen (nach Schablonen aus der erkalteten Kuvertüre ausschneiden), Silberperlen und Buntzucker verzieren.

Pro Stück ca. 260 Kalorien = 1086 Joule
1 Biskuit-Tortenboden
100 g Kuvertüre, 3–4 Eßlöffel Aprikosen- oder Quittenmarmelade
1/2 Tasse Kirschwasser, Himbeergeist oder Weinbrand, 1/2 l süße Sahne
4 Teelöffel San-Apart oder 2 Päckchen Sahnesteif
2 Eßlöffel Puderzucker
Silberperlen und Buntzucker zum Garnieren

Baumkuchen-Torte

Margarine schaumig rühren und löffelweise Zucker, abgeriebene Zitronenschale und Rum dazurühren. Nach und nach die Eier dazugeben. Speisestärke mit Mehl vermischen, darübersieben und unterrühren. Von diesem feinen Teig eine dünne Schicht in eine gefettete Kastenform füllen und unter dem heißen Grill goldbraun werden lassen. Die nächsten Schichten dünn aufstreichen und unter dem Grill einzeln backen. Der Teig reicht für etwa 22 bis 26 Schichten. Den Kuchen nach dem Backen mit Schokoladenguß überziehen. Für den Guß: Puderzucker und Kakao sieben und mit warmem Wasser und flüssigem abgekühltem Kokosfett verrühren.

Pro Stück ca. 260 Kalorien = 1086 Joule
Für den Teig: 250 g Margarine, 250 g Zucker
Zitronenschale, 1 Eßlöffel Rum, 5 Eier, 125 g Speisestärke, 125 g Mehl
Für den Guß: 200 g Puderzucker, 30 g Kakao
4 Eßlöffel Wasser
25 g Kokosfett

Geburtstagstorte

Pro Stück ca. 400 Kalorien
= 1672 Joule
Für den Teig: 175 g Butter oder Margarine, 175 g Zucker, 1 Päckchen Vanillinzucker, 3 Eier
25–30 g Kakao, 150 g Mehl
75 g Speisestärke
1/2 Päckchen Backpulver
1/4 Teelöffel Salz
Für die Schokoladencreme und Garnitur: 1/2 l Milch
3–4 Eßlöffel Kakao oder 200 g Kuvertüre, 2–3 Eßlöffel Zucker, 40–50 g Speisestärke, 1 Prise Salz
250 g Butter oder Margarine
bunte Zuckerperlen, 125 g Puderzucker
1–2 Eßlöffel Wasser

Teig: Fett schaumig rühren, Zucker und Vanillinzucker hinzufügen, weiter rühren, Eier einzeln dazugeben und Masse schlagen, bis sie cremig ist. Dann Kakao, gesiebtes Mehl, Speisestärke, Backpulver und Salz mischen und drunterheben. Teig in eine mit Pergamentpapier ausgelegte Springform füllen und bei Mittelhitze in 30 bis 40 Minuten backen. Schokoladencreme: Milch zum Kochen bringen, Kakao oder Kuvertüre und Zucker mischen, unter Rühren zur Milch geben. Speisestärke anrühren, die Schokoladenmilch damit binden und mit Salz abschmecken. Den Pudding im kalten Wasserbad unter Umrühren erkalten lassen. Fett schaumig rühren, Pudding löffelweise untermischen. Den Tortenboden von allen Seiten mit der Creme bestreichen, den oberen und unteren Rand mit Cremetupfern besetzen und mit den Zuckerperlen garnieren. Aus Puderzucker und Wasser eine spritzfähige Masse rühren und die Geburtstagstorte mit Namenszug oder Jahreszahl verzieren. (Foto rechts).

Kinder-Geburtstagstorte

Pro Stück ca. 470 Kalorien
= 1964 Joule
Für den Teig: 250 g Margarine, 200 g Zucker
4 Eier, 1 Prise Salz, 1 Päckchen Vanillinzucker, 600 g Mehl, 1 Päckchen Backpulver, 100 g Datteln
100 g Korinthen, 100 g Mandeln, 1 Eßlöffel Rum
Für die Glasur: 350 g Puderzucker, Wasser, etwas Rum-Aroma, 1 Teelöffel Kakao, 50 g Kuvertüre

Margarine und Zucker schaumig rühren, Eier dazugeben, Salz, Vanillinzucker, Mehl und Backpulver darunterrühren. Die geschnittenen Datteln, Korinthen, gehackten Mandeln mit Rum marinieren und unter die Teigmasse heben. Den Teig in drei verschieden große, gut gefettete Formen füllen und im Backrohr bei 180 Grad in ca. 60 Minuten backen. Vor starker Oberhitze durch Abdecken mit Pergamentpapier schützen. Für die Glasur: Gesiebten Puderzucker mit heißem Wasser und Rum-Aroma rühren. 8 Eßlöffel der Glasur gesondert mit Kakao und Wasser verrühren und damit den obersten kleinen Kuchen glasieren. Die übrige Glasur auf die größeren Kuchen aufstreichen. Kuvertüre zerkleinern, im Wasserbad erwärmen. Mit gedrehter Pergamenttüte auf vorgezeichnete Buchstaben, die unter Pergamentpapier liegen, Buchstaben spritzen. (Foto rechts).

Zum
Geburtstag
12

HELGA

Eistorte

Pro Stück ca. 350 Kalorien = 1463 Joule
Für den Tortenboden: 2 Eier
2 Eßlöffel warmes Wasser
50 g Zucker, 75 g Mehl
1 Löffelspitze Backpulver
Für die Eiscreme: 1 l süße Sahne, 4 Scheiben Ananas
2 gehäufte Eßlöffel Zucker
150 g Kuvertüre, 1/3 Glas Erdbeer-Konfitüre
1 Eßlöffel Pistazien, 125 g Puderzucker, 3 Päckchen Sahnesteif
Für die Garnitur: 1 Päckchen Schlagfit oder Schlagschaum
1/8 l Milch, 1 Päckchen Waffelröllchen
Maraschinokirschen

Für den Tortenboden: Eigelb mit Zucker und Wasser schaumig rühren. Eiweiß steifschlagen. Mehl mit Backpulver sieben und mit dem Eischnee auf die Eigelbcreme geben und locker unterheben. Den Boden einer kleinen Springform fetten, Teig einfüllen und bei 180 Grad 30 Minuten backen. Herausnehmen, stürzen und kalt werden lassen. Für die Eiscreme: Sahne kalt stellen. Ananas fein mixen oder hacken, mit Zucker 5 Minuten kochen, kalt stellen. Kuvertüre im Wasserbad zerlassen. Pistazien abziehen und grob hacken. Gut gekühlte Sahne mit Sahnesteif schlagen und mit Puderzucker steifschlagen. In 3 Schüsseln verteilen. Abgekühlte, noch flüssige Kuvertüre, Ananasmark mit Pistazien und Erdbeer-Konfitüre in je eine Schüssel geben, unter die Sahne heben. Springform mit Pergamentpapier auslegen, auch den Rand. Die Massen lagenweise einfüllen und mindestens 4 Stunden gefrieren lassen. Dann auf Torte stürzen, mit Schlagfit oder Schlagschaum garnieren und noch 1 Stunde frosten. Auf kalter Platte anrichten und mit Waffelröllchen und Kirschen verzieren.

Pikante Florentiner Torte

Pro Stück ca. 195 Kalorien = 815 Joule
1 Paket gefrosteter Blätterteig, 1 Paket gefrosteter Spinat (300 g) oder 500 g frischer Spinat, 2 Zwiebeln
125 g durchwachsener Räucherspeck, 3 Eier
1/4 l saure Sahne, 3 gehäufte Teelöffel Speisestärke, Salz
Pfeffer, Muskat, 50 g geriebener Käse, 1 Eßlöffel Semmelbrösel

Blätterteig nach Vorschrift auftauen und rund ausrollen. Auf feuerfeste, gefettete und bemehlte Schüssel oder auf ein Blech legen und einen Rand formen. Spinat mit einer Tasse Wasser dünsten, bis er aufgetaut ist, frischen Spinat waschen, ebenfalls dünsten und abgießen. Zwiebeln schälen und fein hacken. Speck würfeln, auslassen, Zwiebeln darin gelb dünsten und zum Spinat geben. Verquirlte Eier, Sahne und Speisestärke untermischen, würzen und die Hälfte des Käses beifügen. Teigboden mit einer Gabel mehrmals einstechen. Die Masse einfüllen, mit dem Rest Käse und Semmelbröseln bestreuen, bei 190 Grad ca. 1 Stunde backen. Sehr heiß servieren.

Einfache Eistorte

Für den Tortenboden: Eigelb mit Zucker und Wasser schaumig rühren. Eiweiß steifschlagen. Mehl mit Backpulver sieben und mit dem Eischnee auf die Eigelbcreme geben, locker unterheben. Den Boden einer kleinen Springform fetten, Teig einfüllen und bei 180 Grad 30 Minuten backen. Herausnehmen, stürzen und kalt werden lassen. Für die Eiscreme: Eiweiß mit Zitronensaft und Salz zu Schnee schlagen, zuletzt Zucker unterschlagen. Sahne mit Vanillinzucker schlagen, mit Eischnee mischen. Masse halbieren. Unter eine Hälfte den Alkohol, unter die andere den Kakao mischen. In eine mit Pergamentpapier ausgeschlagene Springform beide Massen übereinander einfüllen. In der Tiefkühltruhe einige Stunden gefrieren lassen. Dann auf Torte stürzen und noch 1 Stunde frosten. Nach Wunsch mit Waffeln, Früchten oder Sahne hübsch garnieren.

Pro Stück ca. 170 Kalorien
= 710 Joule
Für den Tortenboden: 2 Eier
2 Eßlöffel warmes Wasser
50 g Zucker, 75 g Mehl
1 Löffelspitze Backpulver
Für die Eiscreme: 4 Eiweiß
Saft von 1/4 Zitrone
1 Prise Salz, 4 gehäufte Eßlöffel Zucker, 1/2 l süße Sahne, 2 Päckchen Vanillinzucker, 2 Likörgläser Kirschwasser oder Rum
2 gehäufte Eßlöffel Kakao

Kokostorte

Für den Teig: Eigelb mit Wasser gut schaumig schlagen, Zucker und Vanillinzucker gut unterrühren. Eiweiß zu steifem Schnee schlagen, auf Eigelbcreme geben und darauf Mehl mit Backpulver sieben. Kokosraspeln daraufstreuen. Locker mischen, in eine am Boden gefettete Springform geben und bei 175 Grad 30 Minuten backen, stürzen und erkalten lassen.
Für die Creme: Fett schaumig rühren, Zucker gut unterrühren. Vanillepudding bereiten und kaltstellen. Löffelweise unter die Fettcreme rühren. Kokosraspeln unter dem Grill gelblich rösten. Abgekühlt, die Hälfte mit Rum unter die Creme rühren. Die Torte zweimal durchschneiden, mit Creme füllen und ringsum damit bestreichen. Torte ringsum mit restlichen Kokosraspeln dicht bestreuen.

Pro Stück ca. 330 Kalorien
= 1379 Joule
4 Eier, 4 Eßl. warmes Wasser
175 g Zucker, 1 Päckchen Vanillinzucker, 150 g Mehl
2 Teelöffel Backpulver
100 g Kokosraspeln
200 g Butter oder Margarine
200 g Zucker, 1 Päckchen Vanille-Puddingpulver
1/2 l Milch, 200 g Kokosraspeln, 1 Likörglas Rum

Jubiläumstorte

Pro Stück ca. 510 Kalorien = 2131 Joule
7 Eier, 200 g Zucker
1 Päckchen Vanillinzucker
abgeriebene Schale von 1 Zitrone, 200 g Mehl
100 g Butter, 4 Likörgläser Maraschino-Likör
1/4 Glas Erdbeer-Konfitüre
250 g Butter, 200 g Zucker
1 Päckchen Vanille-Puddingpulver, 1/2 l Milch, 3 Likörgläser Rum
Garnitur: 75 g Mandeln
75 g Puderzucker, 1 Eigelb
1 Tafel Vollmilch-Schokolade, 1 Eßlöffel gehackte Pistazien

Für den Teig: Eier, Zucker, Vanillinzucker und Zitronenschale in einer Schüssel im heißen Wasserbad sehr schaumig schlagen bis die Masse gut warm geworden ist. Die Butter in der Zwischenzeit zerlassen, aber nur lauwarm werden lassen. Unter die Eigelbcreme dann sofort das gesiebte Mehl mit der Butter unterheben und in eine gefettete, mit Mehl bestäubte Form füllen. Bei 150 Grad 1 Stunde backen. Torte auf Gitter stürzen, ausgekühlt zweimal durchschneiden. Maraschino-Likör mit Erdbeer-Konfitüre verrühren und die Torte vor dem Füllen damit bestreichen. Für die Füllung: Butter cremig rühren, Zucker unterrühren. Von Vanille-Puddingpulver mit Milch einen Pudding bereiten. Erkalten lassen und danach löffelweise unter die schaumige Butter schlagen (Pudding und Butter sollen gleiche Temperatur haben, sonst kann die Creme gerinnen). Zuletzt mit Rum abschmecken. Die Torte mit der Hälfte der Creme füllen, zuvor mit der Erdbeer-Konfitüre bestreichen. Danach Torte auch außen bestreichen. Für die Garnitur: Mandeln schälen und mit Eigelb im Mixer fein zerkleinern. Puderzucker unterkneten, Masse ausrollen und rund ausstechen. Auf die Tortenmitte legen. Schokolade zerlassen. 2 Eßlöffel von der Schokolade in kleine Tüte aus Pergamentpapier füllen, etwas erkalten lassen und auf die Mandelplatte die gewünschte Zahl spritzen. Restliche zerlassene Schokolade auf Pergamentpapier gießen, mit Pistazien bestreuen und fest werden lassen. Danach oval oder rund ausstechen. Restliche Buttercreme in Spritzbeutel mit Lochtülle füllen und Torte verzieren. Mit Pistazien-Schokolade-Plätzchen garnieren.
Die Jubiläumstorte ist auf dem Buchtitel abgebildet. Bei der Garnitur sind Ihrer Fantasie natürlich keine Grenzen gesetzt. Unsere Anregung soll lediglich ein Hinweis sein, wie Sie einer Torte für solch einen offiziellen Anlaß ein hübsches und festliches Äußeres verleihen können.

Hochzeitstorte, Rezept Seite 94
Muttertagsherz, Rezept Seite 95

Der lieben Mutter

Hochzeitstorte

Pro Stück ca. 450 Kalorien = 1881 Joule
Für den Teig: 6 Eier
6 Eßlöffel heißes Wasser
250 g Zucker, 2 Päckchen Vanillinzucker, etwas abgeriebene Zitronenschale
250 g Mehl, 100 g Speisestärke, 3/4 Päckchen Backpulver
Für die Füllung: 250 g Butter, 125 g Margarine
1 1/2 Pck. Tortencremepulver (Vanille) für je 1/2 l Milch,
3 Gläschen Kirschwasser,
1 Glas Aprikosen-Konfitüre,
2 Beutel gehobelte Mandeln,
etwas rote Konfitüre,
gelbe Zuckerperlen

Für den Teig: Eigelb mit heißem Wasser schaumig schlagen. 150 g Zucker und den Vanillinzucker nach und nach unterrühren. Abgeriebene Zitronenschale und das steifgeschlagene und zuletzt mit dem restlichen Zucker verrührte Eiweiß auf die Eigelbmasse geben und Mehl, Speisestärke und Backpulver daraufsieben. Alles mit einem Schneebesen mischen, ohne richtig zu rühren. Die Biskuitmasse in zwei nur am Boden gefettete Springformen verteilen, den Teig an den Seiten ca. 2 cm hochstreichen und in der Röhre bei 180 Grad ca. 35 Minuten auf der Unterschiene backen. Die Kuchen auf Kuchendrähte stürzen und erkalten lassen. Für die Füllung: Tortencremepulver mit Milch cremig rühren. Fett schaumig rühren und die Crememasse löffelweise unterschlagen, mit 1 Glas Kirschwasser abschmecken. Die Biskuitkuchen je zweimal waagrecht durchschneiden, mit Aprikosen-Konfitüre, welche mit dem restlichen Kirschwasser verrührt wurde, bestreichen und jeweils mit einigen gerösteten Mandeln bestreuen. Die aufeinandergesetzten Böden mit der Creme bestreichen, aus rosa gefärbter Creme Rosetten und Herzen daraufspritzen und die Förmchen mit Mandeln füllen. Obenauf einen kleinen Strauß von Blumen (evtl. künstliche) in eine Papiermanschette stecken. Torte mit gelben Zuckerperlen garnieren. (Foto Seite 93, oben).

Zitronen-Sahne-Roulade

Pro Stück ca. 275 Kalorien = 1149 Joule
Für den Teig: 4 Eier, 100 g Zucker, 1 Prise Salz, 4 Eßl. heißes Wasser, 100 g Mehl
50 g gemahlene Mandeln oder Haselnüsse, 1/2 Teel. Backpulver. Für die Füllung: 75 g Butter, 1/4 l Weißwein
Saft von 4 Zitronen, 125 g Zucker, 3 Eier, 2 gehäufte Eßl. Speisestärke, 1 Prise Salz
1/8 l süße Sahne, kandierte Veilchen

Teig: Eigelb, Zucker, Salz und Wasser schaumig schlagen. Steifgeschlagenen Eischnee daraufgeben, Mehl darübersieben. Mandeln oder Nüsse und Backpulver hinzufügen, locker mischen. Auf ein mit gebuttertem Pergamentpapier belegtes Backblech streichen, bei 200 Grad 15 Minuten backen. – Füllung: Butter zerlassen, Wein, Zitronensaft, Zucker, Eigelb und die Speisestärke dazurühren. Weiterrühren, bis die Creme aufkocht. Eiweiß und Salz steifschlagen, unterheben. Biskuit heiß auf ein mit Zucker bestreutes Küchentuch stürzen, das Papier befeuchten und abziehen. Mit Creme bestreichen, aufrollen und mit steifgeschlagener Sahne und Veilchen garnieren.

Muttertagsherz

Fett schaumig rühren, Zucker, Vanillinzucker und Eier nach und nach zugeben. Mandeln mit Mehl und Speisestärke unter die Masse heben, in die ausgefettete, bemehlte Herzkuchenform füllen und bei 175 Grad ca. 50–60 Minuten backen. Danach stürzen und auskühlen lassen. Für die Creme: Fett schaumig rühren. Tortencremepulver mit Milch cremig rühren, löffelweise das Fett unterschlagen. Creme mit Alkohol abschmecken. Das Herz ringsrum mit der Creme bestreichen, den Rand mit den leicht gerösteten Mandeln garnieren. Die restliche Creme mit der Marmelade verrühren und die Torte mit einer Plastikspritze (verschiedene Tüllen) phantasievoll garnieren. Mit Zuckermimosen, Silberkugeln und Schokoladen-Mokkabohnen verzieren. (Foto Seite 93, unten).

Pro Stück ca. 450 Kalorien = 1881 Joule
Für den Teig: 125 g Butter oder Margarine, 125 g Zucker, 1 Päckchen Vanillinzucker, 2 Eier, 100 g geschälte, gemahlene Mandeln, 50 g Mehl, 75 g Speisestärke
Für die Creme: 250 g geschmeidige Butter oder Margarine,
1 Pck. Tortencremepulver (Vanille) für 1/2 l Milch
2 Likörgläser Rum, Kirschwasser oder Weinbrand
1 Beutel gehobelte Mandeln
2 Eßlöffel rote Marmelade
Zuckermimosen, Silberkugeln, Schokoladen-Mokkabohnen

Nougattorte

Eigelb mit Zucker und Wasser gut schaumig schlagen. Eiweiß zu steifem Schnee schlagen. Bittermandelaroma untermischen. Mehl und Backpulver sieben, mit dem Eischnee auf die Eigelbcreme geben und locker vermischen. In eine nur am Boden gefettete Springform füllen und bei 180 Grad 35 Minuten backen. Für die Creme: Nüsse unter dem Grill rösten, bis die Schale mit einem Tuch abgerieben werden kann. 16 Nüsse zurücklassen, danach restliche Nüsse fein mahlen. Butter schaumig rühren, Zucker untermischen. Vanillepudding nach Vorschrift bereiten. Abgekühlten Pudding löffelweise unter die Butter rühren. 4 Eßlöffel von der Creme abnehmen. Geriebene Haselnüsse, Pulverkaffee und Kakao unter die Creme mischen. Erkaltete Torte zweimal durchschneiden, mit Creme füllen, zusammensetzen und auch ringsum mit Creme bestreichen. Helle Creme in Gebäckspritze füllen und Torte damit verzieren. Mit geschälten ganzen Haselnüssen garnieren.

Pro Stück ca. 385 Kalorien = 1609 Joule
Für den Teig: 4 Eier, 100 g Zucker, 4 Eßlöffel heißes Wasser, 150 g Mehl
1/2 gestrichener Teelöffel Backpulver, 1 Flasche Bittermandel-Aroma
Für die Creme: 250 g Haselnüsse, 250 g Butter, 200 g Zucker, 1 Päckchen Vanille-Puddingpulver, 1/2 l Milch
1 Teelöffel Pulverkaffee
1 Eßlöffel Kakao

Einfache Schokoladentorte

Pro Stück ca. 290 Kalorien
= 1212 Joule
4 Eier, 200 g Zucker
4 Eßlöffel Wasser
1 Päckchen Vanillinzucker
100 g Mehl, 100 g Speisestärke, 1/2 Päckchen Backpulver, 75 g Butter oder Margarine
Füllung: 1/2 Glas Aprikosenmarmelade, Saft von 1 Zitrone (eventuell 2 Likörgläser Rum)
Garnitur: 3/8 l süße Sahne
1 1/2 Päckchen Sahnesteif
75 g Puderzucker, 1 Beutel gehobelte Mandeln, 1/2 Tafel Halbbitter-Schokolade

Eigelb mit Wasser gut schaumig rühren, Zucker und Vanillinzucker zugeben und cremig rühren. Mehl, Speisestärke und Backpulver dazusieben und kurz verrühren. Eiweiß zu steifem Schnee schlagen, auf die Masse geben sowie die zerlassene, nicht heiße Butter. Alles vorsichtig mischen, in gebutterte, bemehlte Springform füllen und bei 175 Grad 45 Minuten backen. Erkaltete Torte zweimal durchschneiden und mit Aprikosenmarmelade, verrührt mit Zitronensaft und nach Wunsch Rum, füllen und zusammensetzen. Die Torte mit Schlagsahne, mit Sahnesteif und Puderzucker bereitet, bestreichen und verzieren. Mit leicht gerösteten Mandeln und geriebener Schokolade oder Borkenschokolade verzieren.

Tip: *Mit Sahnesteif geschlagene Sahne macht eine Torte nicht nur länger haltbar, sie hat auch einen volleren und besseren Geschmack.*

Punschtorte

Pro Stück ca. 230 Kalorien
= 961 Joule
5 Eier, 5 Eßlöffel Weißwein
Saft und Schale von 1 Zitrone, 225 g Zucker
175 g Mehl, 50 g Speisestärke, 2 gestrichene Teelöffel Backpulver, Saft von 1 Zitrone, 1/2 Tasse Weißwein, 1/3 Tasse Rum
1/2 Glas Aprikosenmarmelade, 250 g Puderzucker
geröstete, gehobelte Mandeln
Maraschinokirschen

Eiweiß mit Weißwein und Zitronensaft zu steifem Schnee schlagen, Zucker 1 Minute unterschlagen. Eigelb und Zitronenschale leicht unterziehen. Mehl, Speisestärke und Backpulver darübersieben und locker vermischen. In Springform (26 cm ∅), nur am Boden gefettet, bei 175 Grad 50 Minuten backen. Auf Kuchengitterdraht auskühlen lassen. Tortenboden dreimal durchschneiden. Zitronensaft, Weißwein und Rum verquirlen und Tortenboden damit beträufeln und mit verrührter Marmelade bestreichen. Zusammensetzen. Oben nur mit Marmelade bestreichen. Für den Guß: Puderzucker mit 2 Eßlöffel Rum und 2 Eßlöffel Wasser verrühren und die Torte mit Rand damit überziehen. Mit Maraschinokirschen und gerösteten, gehobelten Mandeln garnieren.

Erdbeer-Blätterteig-Schnitten

Blätterteig zu 10 cm breitem Streifen ausrollen. Quer durchschneiden, auf ein mit Wasser benetztes Blech setzen, mehrmals mit der Gabel einstechen und bei 220 Grad 20 Minuten backen. Eigelb mit Zucker, Vanillinzucker, Mehl und 3 Eßlöffel Milch verquirlen. Die übrige Milch aufkochen, zum Verquirlten rühren, wieder in den Topf geben, kurz aufkochen und dann abkühlen lassen. Orangenlikör hinzufügen, abgekühlten Blätterteig damit bestreichen, in Stücke schneiden. Mit Erdbeeren, Mandeln und Zucker garnieren.

Insgesamt ca. 2750 Kalorien = 11495 Joule
1 Paket tiefgekühlter Blätterteig (250 g), 3 Eigelb 100 g Zucker, 1 Päckchen Vanillinzucker, 30 g Mehl 1/4 l Milch, 2 Likörgläser Orangenlikör, 250 g frische Erdbeeren, 1 Päckchen Mandelsplitter, Puderzucker

Himbeer-Meringen-Schnitten

Das Eiweiß zu steifem Schnee schlagen und den Zucker gut unterrühren. Die Meringenmasse auf die Kuchenscheiben verteilen und in der Backröhre bei 225 Grad in 4 Minuten überbacken. Aufgetaute Himbeeren darauf verteilen, mit Krokant garnieren.

4 Stücke à 390 Kalorien = 1630 Joule
4 Scheiben Sandkuchen 3 Eiweiß, 2 gehäufte Eßlöffel Zucker, 1 Paket Tieffrost-Himbeeren 1 Beutel Krokant

Feine Himbeerschnitten

Für den Teig: Eiweiß und kaltes Wasser sehr steif schlagen. Zucker und Eigelb darunterziehen. Speisestärke, Mehl, Backpulver und Kakao mischen, darübersieben und leicht darunterheben. Den Teig auf ein mit gefettetem Pergamentpapier ausgelegtes Blech streichen. Bei starker Hitze ca. 15 Minuten backen, stürzen, auskühlen lassen, mit Weinbrand beträufeln und in zwei Hälften teilen. Füllung: Eine Kuchenhälfte mit 2/3 der Schlagsahne bestreichen und mit Beeren belegen. Die andere Kuchenhälfte darüberlegen, mit Schlagsahne bestreichen. In Rechtecke teilen.

8 Stücke à 280 Kalorien = 1170 Joule
Für den Teig: 3 Eiweiß 3 Eßlöffel Wasser, 150 g Zucker, 3 Eigelb, 50 g Speisestärke, 50 g Mehl 1 gestrichener Teelöffel Backpulver, 30 g Kakao Für die Füllung: 2 Eßlöffel Weinbrand, 1/4 l süße Sahne 250 g frische oder tiefgefrorene, gezuckerte Himbeeren

Wiener Apfelschnitten

16 Stücke à 300 Kalorien = 1254 Joule
Für den Teig: 200 g Butter oder Margarine
abgeriebene Schale von 1 Zitrone, 200 g Zucker
3 Eier, 100 g Speisestärke
300 g Mehl, 2 gestrichene Teelöffel Backpulver
2 Eßlöffel Rum, 500 g geschälte Äpfel
Zum Bestreichen: etwa 4 Eßlöffel Aprikosenmarmelade
Zum Bestreuen: 50 g blättrig geschnittene Mandeln

Fett schaumig rühren und abgeriebene Zitronenschale dazugeben. Abwechselnd Zucker, Eier und das Gemisch aus Speisestärke, Mehl und Backpulver sowie den Rum darunterrühren. Die geschälten Äpfel in Viertel schneiden, vom Kerngehäuse befreien, in dünne Scheiben schneiden. Die Apfelscheiben unter den Teig ziehen. Alles auf ein gefettetes Backblech streichen und etwa 40 Minuten bei Mittelhitze (ca. 180 Grad) backen. Nach dem Backen die erwärmte Aprikosenmarmelade mit einem Pinsel auf den Kuchen streichen. Den Kuchen mit Mandelblättchen bestreuen und in Schnitten teilen.

Johannisbeerschnitten

16 Stücke à 280 Kalorien = 1170 Joule
Für den Teig: 200 g Butter oder Margarine
1 Päckchen Vanillinzucker
150 g Zucker, 3 Eier
100 g Speisestärke, 300 g Mehl, 3 gestrichene Teel. Backpulver. Für den Belag: 2 Pakete tiefgefrorene Johannisbeeren, 100 g Zucker

Fett schaumig rühren und Vanillinzucker dazugeben. Abwechselnd Zucker, Eier und das Gemisch aus Speisestärke, Mehl und Backpulver darunterrühren. Den Teig auf ein gefettetes Backblech streichen. Die aufgetauten Johannisbeeren über den Teig verteilen und den Kuchen etwa 35 Minuten bei guter Mittelhitze (ca. 210 Grad) backen. Nach dem Backen den Kuchen mit Zucker bestreuen und danach in Schnitten teilen.

Orangen-Buttercreme-Schnitten

4 Stücke à 630 Kalorien = 2633 Joule
4 Scheiben Sandkuchen
125 g Butter oder Margarine
50 g Puderzucker
1/2 Päckchen Vanille-Puddingpulver, 1/4 l Milch
etwas Weinbrand, 2 Orangen
2 Eßlöffel rote Fruchtmarmelade, einige Walnüsse

Das geschmeidige Fett mit dem Puderzucker schaumig rühren und den nach Vorschrift auf der Packung mit der Milch bereiteten und kaltgerührten Pudding teelöffelweise gut untermischen. Die Creme mit Weinbrand abschmecken, die Kuchenscheiben damit bestreichen und mit Orangenscheiben belegen. Die Fruchtmarmelade gibt man über die Orangen und umspritzt sie mit Buttercreme. Die Schnitten mit gehackten Walnüssen bestreuen.

Englische Orangen-Cheesecakes

Für den Teig: Mehl, Backpulver und Salz mischen, das Fett in Flocken dazugeben und mit dem Mehl zu einem Streusel verarbeiten. Das mit Eiswürfeln gekühlte Wasser zufügen und zu einem glatten Teig verkneten. Teig ca. 20 Minuten kalt stellen. Etwa 1/2 cm dick ausrollen und vier kleine runde Förmchen mit hohem Rand damit auslegen. Teig mit der Gabel einstechen und 10 Minuten bei 200 Grad im Rohr vorbacken. Für die Käsefüllung: Zutaten miteinander verrühren und die Förmchen damit füllen. 15 Minuten bei ca. 200 Grad backen. Die Cheesecakes noch warm aus den Förmchen nehmen, mit Himbeergelee und kleinen Orangenschalenstückchen garnieren.

Pro Stück ca. 125 Kalorien
= 522 Joule
Für den Teig: 150 g Mehl
1 gestrichener Teel. Backpulver, 1 Prise Salz, 3 Eßl. Schmalz, 3–4 Eßl. Eiswasser
Für die Füllung: 100 g Quark
2 Eßl. Milch, 2 Eigelb, etwas abgeriebene Orangenschale
kleine Orangenstückchen
1 Päckchen Vanillinzucker
2 Eßlöffel Zucker, Himbeermarmelade oder -gelee

Meringentörtchen mit Beeren

Für den Teig: Mehl mit dem Backpulver sieben, die Prise Salz zufügen, das Fett in Flöckchen mit dem Mehl zu einem Streusel verarbeiten, das eisgekühlte Wasser löffelweise unterkneten. Den Teig 1/2 Stunde in den Kühlschrank stellen, dann auf einem nur leicht gefetteten Backblech dünn ausrollen und im vorgeheizten Backrohr ca. 15 Minuten hellgelb backen. Den Teigboden mit einem scharfen Messer in kleine Rechtecke von 5 × 10 cm schneiden. Die Teigböden auf zwei Backbleche verteilen. Für die Meringenmasse: Eiweiß mit dem Salz zu Schnee schlagen und den Zucker zuletzt unterschlagen. Die Meringenmasse in einen Spritzbeutel mit gezackter Tülle füllen und Ränder um die Tortenböden spritzen. Die Meringentörtchen werden in der Backröhre ca. 10 Minuten bei 150 Grad eher getrocknet als gebacken. Das Beerenobst gewaschen, entstielt und gezuckert auf die Törtchen verteilen. Einen roten Tortenguß nach Vorschrift bereiten und über die Beeren gießen. Fest werden lassen.

16 Stücke à 160 Kalorien
= 668 Joule
Für den Teig: 200 g Mehl
1 Teelöffel Backpulver
1 Prise Salz, 100 g Schweineschmalz oder Biskin
4 Eßlöffel eisgekühltes Wasser
Für die Meringenmasse:
5–6 Eiweiß, 1 Prise Salz
200 g Zucker, 500–750 g Johannisbeeren oder anderes Beerenobst, 1 Päckchen roter Tortenguß

Quark-Sahneschnitten

Pro Stück ca. 250 Kalorien = 1045 Joule
Für den Teig: 3 Eiweiß, 3 Eßlöffel Wasser, 150 g Zucker, 1 Päckchen Vanillinzucker, 3 Eigelb, 60 g Speisestärke, 60 g Mehl
1 gestrichener Teelöffel Backpulver
Für die Quarkcreme: 500 g Quark, 125 g Zucker
Schale und Saft von 1 Zitrone
8 Blatt weiße Gelatine, 3/8 l süße Sahne, 750 g gedünstete Sauerkirschen

Für den Teig: Eiweiß und kaltes Wasser sehr steif schlagen. Zucker und Vanillinzucker einrieseln lassen und unterheben. Eigelb dazurühren, Speisestärke, Mehl und Backpulver mischen, über die Ei-Zucker-Masse sieben und leicht unterheben. Den Teig dünn auf ein mit gefettetem Pergamentpapier ausgelegtes Blech streichen und 12 bis 15 Minuten bei starker Hitze backen. Nach dem Backen den Biskuit stürzen und das Pergamentpapier sofort abziehen. Biskuit erkalten lassen. Für die Quarkcreme: Quark und Zucker verrühren, die abgeriebene Zitronenschale und den Zitronensaft hinzufügen. Die eingeweichte, dann ausgedrückte und aufgelöste Gelatine dazurühren und die steifgeschlagene Sahne darunterziehen.
Die erkaltete Biskuitplatte halbieren. Die eine Hälfte mit Kirschen belegen, mit Quarkcreme bestreichen, die andere Hälfte darauflegen und mit Puderzucker bestäuben. Das Gebäck in viereckige Schnitten teilen. (Foto rechts).

Traubenschnitten aus Mandelteig

Pro Stück ca. 320 Kalorien = 1337 Joule
4 Eier, 150 g Zucker, 1 Prise Salz, 250 g Mandeln
1 gehäufter Eßlöffel Mehl
1/2 Teelöffel Zimt, 3/8 l süße Sahne, 2 Päckchen Sahnesteif, 1 Päckchen Vanillinzucker, ca. 1 kg kernlose Weintrauben

Eigelb mit Zucker schaumig rühren, Eiweiß mit Salz zu sehr steifem Schnee schlagen, auf die Eigelbmasse geben. Mandeln fein mahlen, mit Mehl und Zimt mischen, alles darüberstreuen und die Masse mit einem Holzlöffel locker vermischen. Den Teig auf ein rechteckiges, mit Pergamentpapier belegtes Kuchenblech ca. 3 cm hoch aufstreichen und bei 175 Grad ca. 25 Minuten backen. Den gut erkalteten Mandelboden in Quadrate schneiden. Die Sahne nach Vorschrift mit Sahnesteifmittel sowie mit Vanillinzucker schlagen. Die Kuchenstücke mit gewaschenen und gut abgetropften Trauben belegen und mit Sahne garnieren. (Foto rechts).

Madeleines

25 Stücke à 70 Kalorien
= 292 Joule
4 Eier, 1 Päckchen Vanillinzucker, 125 g Zucker, Saft von 1/4 Zitrone, 100 g Mehl
75 g Butter

Eier, Vanillinzucker und Zucker im heißen Wasserbad mit einer Handrührmaschine gut schaumig rühren (ca. 7–8 Minuten). Kühl stellen, zeitweise umrühren, und wenn die Masse nur noch lauwarm ist, Zitronensaft, gesiebtes Mehl und zerlassene (nicht heiße!) Butter untermischen. Die Masse in gut gefettete Madeleine-Formen füllen und sofort bei 150 Grad in ca. 45 Minuten backen. Gleich nach dem Backen aus den Formen nehmen und abkühlen lassen.

Pfirsichtörtchen

4 Stücke à 480 Kalorien
= 2006 Joule
125 g Mehl, 75 g Butter oder Margarine, 1 Eßlöffel Puderzucker, 1 Ei, Salz
ca. 1/3 Tasse Milch
2 Ecken Doppelrahmkäse
2 Teelöffel Puderzucker
1 Teelöffel Zitronensaft
1/2 Tasse süße Sahne oder Kondensmilch, 4 halbe Kompottpfirsiche, etwas Schokoladenstreusel

Aus Mehl, geschmeidigem Fett, Puderzucker, Ei, Salz und Milch einen Mürbeteig bereiten. Den Teig im Kühlschrank einige Zeit ruhen lassen, auswellen und 4 gefettete Förmchen damit auslegen. Diese in der 180 Grad heißen Röhre ca. 15 Minuten backen. Den Doppelrahmkäse mit Puderzucker, Zitronensaft, Sahne und etwas Pfirsichsaft verrühren, in die erkalteten Törtchen verteilen und mit in Spalten geschnittenen Pfirsichen belegen. Mit Schokoladestreuseln oder Borkenschokolade hübsch garnieren.

Himbeertüten

12 Stücke à 135 Kalorien
= 5643 Joule
Für den Teig: 2 Eier
2 Eßlöffel Wasser, 100 g Zucker, 1 Päckchen Vanillinzucker, 30 g Speisestärke
90 g Mehl
Für die Füllung: 1/4 l süße Sahne, 1 Päckchen Vanillinzucker, 20 g Zucker, 250 g bis 375 g frische Himbeeren

Für den Teig: Eier, Wasser, Zucker und Vanillinzucker miteinander verrühren. Speisestärke und Mehl mischen, sieben und darunterheben. Von der Masse Vierecke von etwa 10 cm auf ein gut gefettetes Blech streichen und bei starker Hitze in etwa 5 Minuten hellgelb backen. Die Plätzchen nach dem Backen sofort zu Tüten aufdrehen, dabei die obere Seite nach außen nehmen. Nicht mehr als 3–4 Plätzchen zu gleicher Zeit backen. Für die Füllung: Die Sahne steifschlagen und mit Zucker und Vanillinzucker süßen. Die Himbeeren waschen und zuckern und vorsichtig unter die Sahne heben. Die Tüten erst kurz vor dem Servieren füllen.

Kirschtörtchen

Für den Teig: Mehl und Backpulver sieben, mit Margarine, Zucker, Eigelb, Salz, Zimt und Zitronenschale zu einem Mürbeteig verarbeiten. Teig kühl stellen. Danach ausrollen, kleine Törtchen formen, den Boden mehrmals mit einer Gabel einstechen, mit Puderzucker bestreuen und mit den gewaschenen und entsteinten Kirschen belegen. Auf der Mittelschiene bei 180 Grad ca. 20 Minuten backen. Vorsichtig aus der Form nehmen, kalt werden lassen. Sahne schlagen, Vanillinzucker und Zucker darunterschlagen, Makronenbrösel und Kirschwasser daruntermischen. Törtchen mit der Sahne hoch bestreichen. Mit einigen besonders schönen Kirschen garnieren. (Foto Seite 104, oben).

Pro Stück ca. 190 Kalorien = 794 Joule
Für den Teig: 125 g Mehl
1 Messerspitze Backpulver
60 g Margarine, 40 g Zucker
1 Eigelb, je 1 Prise Salz und Zimt, abgeriebene Zitronenschale
Für den Belag: 2 Eßlöffel Puderzucker, 250 g Kirschen
1/4 l süße Sahne, 1 Päckchen Vanillinzucker, 1 Eßlöffel Zucker, 1 Eßlöffel zerbröckelte Makronen
1 Eßlöffel Kirschwasser

Meringentörtchen mit Beerenobst

Für den Teig: Mehl mit Backpulver sieben, Salz zufügen, Margarine in Flöckchen mit Mehl zu einem Streusel verarbeiten, eisgekühltes Wasser löffelweise unterkneten. Teig 1/2 Stunde im Kühlschrank ruhen lassen, dann auf einem nur leicht gefetteten Backblech dünn auswellen und im vorgeheizten Backrohr ca. 15 Minuten hellgelb backen. Den Teigboden mit einem scharfen Messer in kleine Rechtecke von 5 × 10 cm schneiden. Die Teigböden auf zwei Backbleche verteilen. Für die Meringenmasse: Eiweiß mit dem Salz zu Schnee schlagen und den Zucker zuletzt unterschlagen. Die Meringenmasse in einen Spritzbeutel mit gezackter Tülle füllen und Ränder um die Tortenböden spritzen. Meringentörtchen in der Backröhre bei 170 Grad ca. 30 Minuten eher trocknen als backen. Das Beerenobst waschen, entstielen, zuckern und auf die Törtchen verteilen. Einen roten Tortenguß nach Vorschrift bereiten und über die Beeren gießen. (Foto Seite 104, unten).

Pro Stück ca. 90 Kalorien = 376 Joule
Für den Teig: 200 g Mehl
1 Teelöffel Backpulver
1 Prise Salz, 100 g Margarine, 4 Eßlöffel eisgekühltes Wasser
Für die Meringenmasse: 5–6 Eiweiß, 1 Prise Salz
200 g Zucker, 500–750 g Johannisbeeren oder anderes Beerenobst, 1 Päckchen roter Tortenguß

Bunte Eclairs

Pro Stück ca. 70 Kalorien = 292 Joule
1/8 l Wasser, 30 g Margarine, 1 Teelöffel Zucker
1/2 Teelöffel Vanillinzucker
1 Prise Salz, 60 g Mehl
2 Eier. – 1 Päckchen Vanillepudding-Pulver. – 1/2 Teelöffel Pulverkaffee, einige Tropfen Kaffeelikör, 1 Teelöffel Puderzucker. – Einige Mandeln, einige Tropfen Weinbrand, 1 Teelöffel Puderzucker. – 1 Teelöffel Erdbeermarmelade, einige Tropfen Fruchtlikör
1/2 Teelöffel Kakao
1 Teelöffel Puderzucker. –
1/2 Teelöffel Kakao
1 Schuß Rum, 1 Teelöffel Puderzucker

Wasser mit Margarine, Zucker, Vanillinzucker und Salz aufkochen, Mehl dazugeben, vermischen und mit einem Holzlöffel auf dem Feuer zu einem Kloß rühren. Masse 3 Minuten stehen lassen, Eier darunterrühren. Teig zu länglichen Formen auf ein gefettetes Backblech spritzen. Bei 180 Grad etwa 20 Minuten backen, erkalten lassen und der Länge nach aufschneiden. Füllung: Vanillepudding nach Vorschrift kochen, erkalten lassen, durchpassieren und verschieden abschmecken:

a) mit Pulverkaffee und einigen Tropfen Kaffeelikör. Den Deckel mit wenig Puderzucker, der mit Pulverkaffee und wenig Wasser verrührt wurde, bestreichen.

b) mit abgezogenen, gehackten Mandeln und Weinbrand verfeinern, Deckel mit Puderzucker bestäuben.

c) mit Erdbeermarmelade und Fruchtlikör; den Deckel mit gesiebtem Kakao und Puderzucker bestäuben.

d) mit gesiebtem Kakao und einem Schuß Rum vermischen, den Deckel mit wenig Puderzucker, Wasser und Kakao glasieren. (Foto Seite 105, oben).

Linzer Schnitten

Pro Stück ca. 290 Kalorien = 292 Joule
300 g Mehl, 1 Teelöffel Backpulver, 250 g Butter oder Margarine, 125 g Zucker, 125 g Haselnüsse oder Mandeln, 1 gestrichener Teelöffel Zimt, 1/2 gestrichener Teelöffel Muskat, 1 Eigelb, 1/3 Tasse Milch, 1/2 Glas Himbeer- oder Johannisbeermarmelade
Zum Bestreichen: 1 Ei

Mehl und Backpulver sieben. Geschmeidige Butter oder Margarine, Zucker, gemahlene Haselnüsse oder Mandeln, Zimt, Muskat, Eigelb und Milch zugeben und zu einem Teig kneten. 2 Stunden kalt stellen. Danach zwei Drittel des Teiges auf gefettetem Backblech ausrollen. Dünn mit Marmelade bestreichen. Restlichen Teig ausrollen, in Streifen schneiden, als Gitter über die Marmeladenschicht legen und mit verquirltem Ei bestreichen. Bei 180 Grad ca. 40 Minuten backen. Auskühlen lassen und in Schnitten teilen. Tip: Linzer Schnitten sind in Folie eingepackt oder in einer Blechdose aufbewahrt längere Zeit über haltbar. (Foto Seite 105, unten).

Gewürztörtchen

Pro Stück ca. 290 Kalorien
= 292 Joule
175 g Butter oder Margarine
175 g Zucker, 3 Eier
150 g Mehl, 1 gestrichener Teelöffel Backpulver, 100 g gemahlene Mandeln
1 Fläschchen Bittermandel-Aroma, 2 gestrichene Teelöffel Zimt, 1/2 gestrichener Teelöffel gemahlene Nelken, abgeriebene Schale von 1 Zitrone

Butter oder Margarine und Zucker gut schaumig rühren, die Eier einzeln dazugeben. Das Mehl mit Backpulver sieben und zusammen mit den Mandeln löffelweise unter die Buttercreme rühren. Dann Bittermandel-Aroma, Zimt, Nelken und Zitronenschale daruntermischen und den Teig in kleine gefettete und mit Mehl bestäubte Förmchen geben. Bei 175 Grad in den Backofen geben und etwa 30 Minuten backen. Mit einem Hölzchen prüfen, ob die Törtchen durchgebacken sind. Dann stürzen und vielleicht noch mit Rumglasur bepinseln, die Sie aus Puderzucker, etwas lauwarmem Wasser und Rum oder Weinbrand zusammenrühren. Sie können die Gewürztörtchen auch mit einer Punschglasur überziehen. Das Rezept dafür finden Sie auf Seite 70.

Blätterteig-Birnen-Schnitten

12 Stücke à 245 Kalorien
= 1024 Joule
1 Paket tiefgekühlter Blätterteig (250 g), 3 Eigelb
100 g Zucker, 1 Päckchen Vanillinzucker, 30 g Mehl
1/4 l Milch, 2 Likörgläser Rum, 1 kg-Dose Birnen
1 Beutel gehobelte Mandeln

Den Blätterteig nach Vorschrift auftauen lassen. Danach Teig längs ausrollen, bis er etwa 10 cm breit und 1/2 cm dick ist. Dann auf ein mit Wasser benetztes Backblech legen, ein paarmal mit der Gabel einstechen und 20 Minuten im auf 210 Grad vorgeheizten Backofen auf der mittleren Schiene backen. Eigelb, Zucker, Vanillinzucker zusammen schaumig rühren und das Mehl daruntermischen. Die Milch in einem kleinen Topf aufkochen, zur Eiercreme rühren und wieder in den Topf schütten. Kurz aufkochen, in kaltes Wasser stellen und während die Creme abkühlt ab und zu umrühren. Mit Rum abschmecken. Den Blätterteig mit der Creme bestreichen, in Stücke schneiden, gut abgetropfte Birnen darauflegen und mit im Backofen gerösteten gehobelten Mandeln bestreuen.
Tip: Falls Sie es ganz eilig haben, können Sie auch statt der selbstgemachten Eiercreme fertig gekauftes Tortencremepulver nehmen.

Sahne-Erdbeertörtchen

Pro Stück ca. 420 Kalorien = 1755 Joule
4 gekaufte Torteletts, 1/4 l süße Sahne, 1 Eßlöffel Zucker, 1 Päckchen Vanillinzucker, 250 g Erdbeeren
2 Eßlöffel Zucker, abgeriebene Schale von 1/2 Orange

Sahne steifschlagen, mit Zucker und Vanillinzucker süßen. Erdbeeren einzuckern und mit der abgeriebenen Orangenschale mischen. Erdbeeren etwa 30 Minuten kalt stellen. Sahne auf die Torteletts verteilen und mit Erdbeeren belegen. Eventuell Torteletts vorher mit flüssiger Kuvertüre bepinseln. (Foto rechts, oben 1).

Erdbeer-Eistörtchen

Pro Stück ca. 450 Kalorien = 1881 Joule
4 gekaufte Torteletts
2 Eigelb, 1 Päckchen Vanillinzucker, 1/4 l süße Sahne, 1 Eßl. Zucker, 250 g Erdbeeren, 2 Eßl. Zucker

Eigelb mit Vanillinzucker verrühren und unter die geschlagene, gesüßte Sahne heben. Eimasse in eine flache Schale füllen, in der Tiefkühltruhe oder im Gefrierfach des Kühlschranks gefrieren lassen, auf die Torteletts verteilen und mit den gezuckerten Erdbeeren belegen. (Foto rechts, oben 2).

Rauhreif-Erdbeeren

Pro Stück ca. 215 Kalorien = 998 Joule
4 gekaufte Torteletts, 250 g Erdbeeren, abgeriebene Schale von 1/2 Orange
Weinbrand, Puderzucker

Auf die Törtchen die Erdbeeren setzen, mit der abgeriebenen Orangenschale bestreuen und mit etwas Weinbrand bespritzen. Dick mit Puderzucker überstäuben. Gut gekühlt servieren. (Foto rechts, oben 3).

Stachelbeertörtchen

Pro Stück ca. 310 Kalorien = 1295 Joule
6 gekaufte Torteletts, 1/4 l süße Sahne, 1 Päckchen Vanillinzucker, 2 Eßlöffel Zucker, 1 gestrichener Teelöffel gemahlene Gelatine
Stachelbeeren

Sahne steifschlagen, mit Zucker und Vanillinzucker süßen und mit der mit 1 Eßlöffel kaltem Wasser aufgequollenen und mit 2 Eßlöffel heißem Wasser aufgelösten Gelatine verrühren. Törtchen mit Sahne füllen. Kurz in Zuckersirup gedünstete, abgetropfte Stachelbeeren auf die Sahne geben. Nach Belieben mit Haselnüssen, halben Backpflaumen und geschnittenen Pistazien, Orangenstreifen, Mandarinen, halbierten Mirabellen, roter Fruchtmarmelade oder mit Schokoladenstreusel garnieren. (Foto rechts, unten).

2
1
1
3

Baba au rhum

16 Stücke à 190 Kalorien = 794 Joule
75 g Mehl, 15 g Hefe
1/2 Tasse warmes Wasser
175 g Mehl, 20 g Zucker
1 Prise Salz, 3 Eier, 75 g Butter, 1/2 l Wasser, 200 g Zucker, 1 Weinglas Rum
etwas Aprikosenmarmelade
1/4 l süße Sahne

Mehl in eine Schüssel geben. In die Mitte eine Vertiefung drücken. In die Vertiefung die Hefe bröckeln, 1/2 Tasse Wasser zugießen und eine Kugel formen. Mit etwas Mehl bestäuben und 30 Minuten gehen lassen. Mehl, Zucker, Salz und Eier gut unterkneten, bis sich der Teig vom Schüsselrand löst. Butter zerlassen, unter den Teig mischen. Teig in gebutterte Metallförmchen (Tassengröße) verteilen, jeweils zur Hälfte füllen. Aufgehen lassen, bis die Förmchen ganz gefüllt sind. Bei 200 Grad 20 Minuten backen. Wasser mit Zucker aufkochen. Lauwarm mit dem Rum mischen. Die „Babas" noch warm mit dem warmen Sirup tränken. Nach Wunsch mit erwärmter Aprikosenmarmelade bestreichen. Mit geschlagener Sahne servieren.

Tip: *Baba au rhum ist nicht nur eine besonders feine und aromatische Gebäckart, sondern ein klassischer Nachtisch der französischen Küche.*

Blätterteigtörtchen mit Früchten

12 Stücke à 160 Kalorien = 668 Joule
1 Päckchen tiefgekühlter Blätterteig, 1 große Dose Aprikosen oder andere Kompottfrüchte, 125 g Marzipan, 1 Eßlöffel Puderzucker, 1 Eiweiß, etwas Aprikosen-Konfitüre

Den Blätterteig wie auf dem Päckchen empfohlen in etwa 3 Stunden auftauen lassen. Aprikosen und andere Kompottfrüchte in ein Sieb schütten und gut abtropfen lassen. Marzipan (Seite 73) mit Puderzucker und Eiweiß gut verrühren. Den aufgetauten Blätterteig 1/2 cm dick ausrollen und eiförmige Plätzchen davon ausschneiden, je etwa 10 cm lang. Ein Backblech mit Wasser befeuchten, die Plätzchen darauflegen und mit der Marzipancreme bestreichen. Aprikosen oder andere Früchte darauflegen. Den Backofen auf 225 Grad vorheizen, das Gebäck hineingeben und etwa 18 Minuten backen. Noch heiß mit erwärmter Aprikosen-Konfitüre bestreichen.

Äpfel im Nest

Mehl zweimal sieben, in die Mitte eine Vertiefung drücken, ausgepreßten Quark, Butter und Salz hineingeben und verkneten. Teig in Pergamentpapier wickeln und über Nacht ruhen lassen. Teig 1/2 cm dick ausgerollt, in etwa 10 bis 15 cm große Stücke schneiden. Zucker mit Butter bräunen, mit Weißwein ablöschen, Äpfel darin 5 Minuten dünsten. Erkalten lassen. Teig mit Biskuitbröseln bestreuen, Äpfel darauflegen. Jede Apfelhälfte mit einem Teigring umlegen, Teigring mit Eigelb bestreichen. Apfel mit Fond beträufeln, der mit Aprikosenmarmelade eingekocht wurde. Äpfel 20 Minuten bei 180 Grad backen, danach garnieren. (Foto Seite 112, oben).

Pro Stück ca. 470 Kalorien = 1964 Joule
150 g Mehl, 150 g Quark
100 g Butter, 1 Prise Salz
2 geschälte, halbierte, entkernte Äpfel, 2 Teelöffel Zucker, 1 Teelöffel Butter
2 Eßlöffel Weißwein
Biskuitbrösel, 1 Eigelb
1 Eßlöffel Aprikosenmarmelade
Zum Garnieren: Pistazien kandierte Veilchen

Französische Apfeltaschen

Blätterteig auftauen. Fett und Zucker in Pfanne gelb werden lassen. Äpfel und Nüsse zugeben. 5 Minuten kochen. Gewürze zufügen. Abkühlen lassen. Teig 1/2 cm dick ausrollen, 7 cm große Kreise ausstechen. Mitte mit Füllung belegen. Rand mit verquirltem Ei bestreichen und Teig darüberschlagen. Gut andrücken. Auf befeuchtetes Blech setzen. Oberfläche mit Ei bestreichen. Bei 225 Grad ca. 15 Minuten backen.

Pro Stück ca. 220 Kalorien = 919 Joule
1 Paket tiefgefrosteter Blätterteig, 500 g in Stifte geschnittene Äpfel, 50 g gehackte Nüsse, 1 Eßlöffel Margarine, 2 geh. Eßlöffel Zucker, Ingwer, Zimt Nelken, 1 Ei zum Bestreichen

Badische Apfeltaschen

Blätterteig auftauen. Äpfel, Honig, Zitronensaft, Kirschwasser, Butter und Zucker 1 Minute kochen. Äpfel zugeben und noch 2 Minuten dünsten. Kalt stellen. Blätterteig 1/2 cm dick ausrollen, 10 cm große Kreise ausstechen und die Mitte mit den Äpfeln belegen. Ränder mit Wasser bestreichen und Teig zusammenklappen. Auf mit Wasser benetztes Blech legen, mit Eigelb bestreichen und bei 225 Grad 15 Minuten backen. (Foto Seite 112, unten).

Pro Stück ca. 190 Kalorien = 794 Joule
1 Paket tiefgekühlter Blätterteig, 500 g in Spalten geschnittene Äpfel, 2 Eßlöffel Honig, Saft von 1/2 Zitrone
2 Eßlöffel Kirschwasser
1 Teelöffel Butter, 2 Eßlöffel Zucker, 1 Eigelb

Berliner Pfannkuchen

Pro Stück ca. 310 Kalorien = 1295 Joule
Für den Teig:
1 Päckchen Dauerbackhefe
gut 1/8 l lauwarme Milch
50 g Zucker, 500 g Mehl
25 g zerlassene Butter oder Margarine, 2 Eigelb, 1 Prise Salz
Für die Füllung:
1/2 Glas Marmelade (Himbeer- oder Pflaumen-)
ca. 1 kg Fett zum Ausbacken

Für den Teig: Hefe nach Vorschrift mit 4 Eßlöffel warmer Milch und 1 Eßlöffel Zucker verrühren und 15 Minuten gehen lassen. Mit Zutaten verkneten. Teig 1 1/2 cm dick auswellen und etwa 12 Kreise (8 cm ∅) locker eindrücken. In die Mitte jedes Kreises einen Klecks Marmelade geben. Unbelegte Teigfläche überschlagen und runde Pfannkuchen ausstechen. Auf ein bemehltes Tuch legen, mit dem Tuch bedecken und gut aufgehen lassen. Backfett (Öl, Kokosfett oder Schweineschmalz) auf 175 Grad erhitzen, Teigballen mit der Schaumkelle einlegen, Deckel auflegen, Pfannkuchen nach 2 Minuten wenden und bei geöffnetem Topf in weiteren 2 Minuten fertigbacken. Die gebackenen Pfannkuchen auf Küchenkrepp abtropfen lassen. Danach mit Puderzucker bestäuben oder in Zimtzucker wälzen. (Foto Seite 113, oben).

Tip: *Den berühmten weißen Ring um die „Taille" bekommen die Berliner Pfannkuchen allerdings nur dann, wenn Sie den Hefeteig nach dem Ausstechen noch einmal gut aufgehen lassen.*

Rhabarberkrapfen

Pro Stück ca. 155 Kalorien = 647 Joule
4–5 Stangen Rhabarber
125 g Zucker, 1 Tasse Weißwein
Für den Teig: 250 g Mehl
1 Prise Salz, 1 Eßlöffel Öl
3 Eigelb, 1/4 l Wasser oder Bier, 3 Eiweiß, 1 Prise Salz
ca. 1 kg Fett zum Ausbacken
2 Eßlöffel Puderzucker

Rhabarber abziehen und in ca. 4 cm lange Stücke schneiden, mit Zucker bestreuen, eine Weile durchziehen lassen, mit Weißwein übergießen und auf kleiner Flamme garziehen lassen. Für den Teig: Mehl mit Salz, Öl, Eigelb und der Flüssigkeit verrühren. Eiweiß mit der Prise Salz zu Schnee schlagen und unter den Ausbackteig heben. Die garen, aber noch festen Rhabarberstückchen gut abgetropft in den Ausbackteig tauchen, mit einer Gabel in das erhitzte Fett geben und knusprig ausbacken. Die Krapfen heiß oder kalt mit gesiebtem Puderzucker bestreuen. (Foto Seite 113, unten).

Zitronen-Spritzkuchen

Margarine, Wasser, Salz und Zucker aufkochen. Mehl mit Backpulver vermischen, auf einmal ins kochende Wasser schütten und umrühren, bis sich der Teig vom Topfboden löst. Vom Feuer nehmen, 1 Ei darunterrühren, etwas abkühlen lassen und dann das zweite Ei und Eigelb nach und nach darunterrühren. Auf etwa 7 cm breite Pergamentstreifen Ringe spritzen, davon in heißes Backfett gleiten lassen und backen, bis sie doppelt so groß und hellbraun sind. Herausheben und gut abtropfen lassen. Puderzucker mit Wasser, Zitronensaft und Zitronenschale verrühren und die Spritzkuchen damit bepinseln.

10 Stücke à 220 Kalorien = 919 Joule
50 g Margarine, 1/4 l Wasser, 1 Prise Salz, 1 gehäufter Eßlöffel Zucker
125 g Mehl, 1 gestrichener Teelöffel Backpulver, 2 Eier
3 Eigelb, Backfett
175 g Puderzucker, 2 Eßlöffel heißes Wasser, Saft und abgeriebene Schale von 1/2 Zitrone

Fritierte Melonenspalten

Die Melone schälen und in ca. 1 cm dicke Spalten schneiden. Diese flach in eine große Schüssel legen, mit Zucker überstreuen und mit Rum übergießen. Zugedeckt mindestens 1 Stunde ziehen lassen, dann abgießen. Aus Mehl, Ei und 1/8 l abgegossenem Saft einen dickflüssigen Teig herstellen, die Spalten – evtl. halbiert – in Mehl wenden, in den Teig tauchen und partieweise im auf 175 Grad erhitzten Fett in ca. 3–4 Minuten goldbraun ausbacken. In vanilliertem Zucker wenden und möglichst heiß servieren.
Tip: Legen Sie die fritierten Melonenspalten beim Anrichten nicht übereinander, sie werden sonst weich.

12 Stücke à 145 Kalorien = 606 Joule
750 g Honigmelone (etwa eine halbe) 100 g Zucker
1/8 l Rum, 125 g Mehl und etwas Mehl zum Wenden
1 Ei, vanillierter Zucker zum Wenden, ca. 1 kg Fett zum Ausbacken

Zimtwaffeln

Butter mit Zucker schaumig rühren. Eier nach und nach zugeben. Zimt, die fein geriebenen Nüsse oder Mandeln und das Mehl unterrühren und alles gut verkneten. Walnußgroße Teigkugeln aufs Waffeleisen legen und goldgelb backen.

80 Stücke à 35 Kalorien = 146 Joule
125 g Butter, 125 g Zucker
2 Eier, 1–2 gehäufte Teelöffel Zimt, 50 g Haselnüsse oder Mandeln, 250 g Mehl

Gefüllte Windbeutel

Pro Stück ca. 190 Kalorien
= 794 Joule
1/4 l Wasser oder 1/8 l
Milch und 1/8 l Wasser
1 Prise Salz, 75 g Butter
oder Margarine, 150 g Mehl
3–4 Eier, 1/2 l süße Sahne
2 Päckchen Sahnesteif
2 Päckchen Vanillinzucker

Die Flüssigkeit mit Salz und Fett aufkochen. Das gesiebte Mehl unter ständigem Rühren auf einmal in das Wasser geben und diese Masse so lange rühren, bis sich ein Teigkloß bildet, der sich leicht vom Topfboden löst. Diesen Brandteig in eine andere Schüssel geben, sofort 1 Ei unterrühren, nach 10 Minuten die restlichen Eier einzeln darunterarbeiten. Ein Kuchenblech einfetten, leicht bemehlen, kleine Häufchen (Abstand ca. 3–4 cm) aufsetzen oder aufspritzen. Diese bei ca. 225 Grad 30 Minuten backen. (Röhre nicht öffnen), Hitze abschalten, noch 10 Minuten nachtrocknen lassen. Windbeutel aufschneiden, auskühlen. Sahne mit den restlichen Zutaten nach Vorschrift schlagen, Windbeutel damit füllen.

Petits Fours

Pro Stück ca. 105 Kalorien
= 438 Joule
Für den Teig:
4 Eier, 125 g Zucker
4 Eßlöffel heißes Wasser
50 g Mehl, 75 g Speisestärke
1/2 gestrichener Teelöffel
Backpulver
Für die Füllung: 1 Päckchen
Rohmarzipan (250 g)
2 Likörgläser Kirschwasser
1/2 Glas rote Frucht-
Konfitüre, 125 g Puderzucker
1/3 Eiweiß, 3–4 Tropfen
Zitronensaft, 125 g
Schokoladen-Fettglasur
Liebesperlen, kandierte
Veilchen

Eigelb mit Zucker und Wasser schaumig rühren. Eiweiß zu sehr steifem Schnee schlagen, auf die Eigelbcreme geben. Mehl, Speisestärke und Backpulver darübersieben und locker unterheben. Auf mit Pergamentpapier belegtes Backblech streichen und bei 200 Grad etwa 15 Minuten backen. Sofort auf Brett stürzen und in 3 gleichgroße Streifen schneiden. Für die Füllung: Marzipan mit 1 Likörglas Kirschwasser verrühren und auf einen Teigstreifen streichen, darauf zweite Teigplatte legen. Diese mit Konfitüre bestreichen und dritten Streifen auflegen. In 3 cm große Würfel schneiden. Für die Glasur: Schokoladen-Fettglasur warm stellen. Eiweiß mit etwas Kirschwasser, Puderzucker und Zitronensaft verrühren. Gebäcksücke einzeln auf eine Fleischgabel legen und über dem Glasurgefäß mit einem Eßlöffel Glasur übergießen. Auf Kuchendraht setzen, trocknen lassen und zuletzt mit restlicher Glasur und mit Liebesperlen garnieren. (Foto rechts).

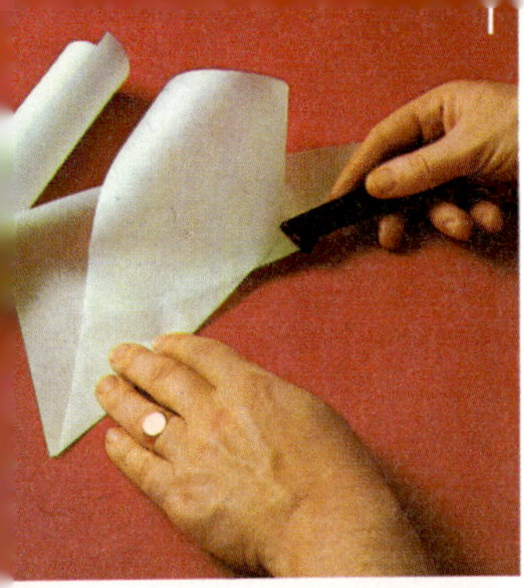

Hübsch garnierte Petits Fours

① Pergamentpapier (35× 25 cm) schneiden und diagonal falten. Diesen Diagonalkniff mit dem Messer aufschneiden.

② Dreieck wie Bild zeigt zu Tüte aufrollen. Dabei fest um 2 Finger der linken Hand wickeln.

③ Spitzes Papierende einschlagen und festkniffen: dies gibt der Tüte den Halt. Glasur einfüllen, Tüte schließen.

④ Mit Schere kleine Spitze von der Tüte abschneiden. Petits Fours, nach Abtrocknen der Glasur, beliebig garnieren.

Frühstückshörnchen

12 Stücke à 205 Kalorien = 856 Joule
250 g Mehl, 15 g Hefe ca. 1/10 l Milch, 40 g Zucker, 1 Ei, 150 g Butter oder Margarine, Salz 1 Eigelb

Mehl in eine Schüssel sieben, die zerbröckelte Hefe in die Mitte geben und mit der lauwarmen Milch und etwas Mehl verrühren. Diesen Hefevorteig mit etwas Mehl bestäuben und im Warmen gehen lassen. Zucker, Ei, 50 g zerlassene Butter oder Margarine und Salz zugeben und zu einem festen Teig verarbeiten, der sich gut von der Schüssel lösen soll. Den Teig kalt stellen, auswellen und eine Hälfte der Platte mit Scheiben der restlichen Butter oder Margarine belegen. Die andere Teighälfte darüberschlagen und den Teig andrücken oder mit dem Wellholz mehr klopfen als rollen. Den Teig noch einmal zusammenlegen, zu einer runden Platte ausrollen und diese wie einen Kuchen in Stücke schneiden. Die Stücke von der Breitseite her zu Hörnchen aufrollen. Diese auf ein gefettetes Blech setzen, in der warmen Röhre gehen lassen, mit Eigelb bestreichen und bei 200 Grad ca. 15 Minuten goldbraun backen. Warm oder kalt servieren.

Blätterteighörnchen mit Schinkenfüllung

Pro Stück ca. 175 Kalorien = 731 Joule
1 Paket tiefgekühlter Blätterteig, 125 g roher Schinken 1 Zwiebel, 1 Teelöffel Butter oder Margarine, etwas Pfeffer, 1 Eßlöffel geriebener Käse, 1 Eigelb, 1 Eßlöffel Dosenmilch oder süße Sahne

Den Blätterteig wie empfohlen auftauen lassen. Schinken und geschälte Zwiebel fein würfeln, Schinken in Butter oder Margarine kurz dünsten, die Zwiebeln zugeben und gelblich dünsten. Kalt werden lassen und dann Pfeffer, vielleicht gehackte Petersilie und Käse daruntermischen. Den Blätterteig rechteckig (20 cm breit) ausrollen, längs durchschneiden und quer Dreiecke daraus schneiden. Je 1/2 Teelöffel Füllung daraufgeben und am Rand mit verquirltem Eigelb und Sahne bestreichen. Zu Hörnchen aufrollen und auf ein mit Wasser benetztes Backblech legen. Bei 225 Grad etwa 20 Minuten backen.

Zürcher Eieröhrli

Eier mit Zucker schaumig rühren, zuerst das zerlassene Fett, danach Kondensmilch oder Sahne und Salz langsam unterrühren, gut schaumig schlagen. Das gesiebte Mehl unterkneten, den Teig 1 Stunde kalt stellen, zu einer Rolle formen, in walnußgroße Stücke schneiden und diese auf bemehltem Brett sehr dünn ausrollen. Die Teigblätter mit den Händen wie einen Strudelteig auseinanderziehen. Teigscheiben – mehrere zusammen, damit sie etwas wellig werden, schwimmend im Fett bei 180 Grad ausbacken, auf Serviette abtropfen lassen und mit Puderzucker bestäuben. (Foto Seite 120, oben).

Pro Stück ca. 180 Kalorien = 752 Joule
3 Eier, 2 gehäufte Eßlöffel Zucker, 25 g Butter oder Margarine, 5 Eßlöffel Kondensmilch oder süße Sahne, 1 Prise Salz, 300 g Mehl, ca. 1 kg Backfett Puderzucker

---

Tip: *Backwerk in Minutenschnelle: Baisers kaufen, mit beliebigen, gezuckerten Früchten füllen und einem Tuff Schlagsahne garnieren.*

Brioches (Apostelkuchen)

Milch erwärmen, Fett darin zerlassen. Zucker und Salz gut unterrühren. Wenn lauwarm, Hefe hineinbröckeln und mischen. Eier unterrühren. Mehl hineinsieben. Einige Minuten gut durchkneten, Teig soll sich von der Schüssel lösen. An warmem Platz zu doppeltem Volumen aufgehen lassen, mit Alufolie abdecken, über Nacht in Kühlschrank stellen. Auf bemehltem Backbrett zu Rollen formen. 22 aprikosengroße Kugeln formen und in ausgefettete Törtchenformen legen. Gleich viele haselnußgroße Kugeln formen und daraufsetzen. An warmem Platz etwa 1 Stunde gehen lassen. Bei 220 Grad 15 Minuten backen. Sofort aus den Förmchen nehmen. Noch warm servieren, mit Butter oder Marmelade bestreichen. (Foto Seite 120, unten).

Pro Stück ca. 115 Kalorien = 480 Joule
1,5 dl Milch (gut 1/8 l)
50 g Butter oder Margarine
75 g Zucker, 1 Prise Salz
25 g Hefe, 3 Eier, 400 g Mehl

Orangenwaffeln mit Erdbeeren

Pro Stück ca. 235 Kalorien = 982 Joule
300 g Butter oder Margarine
3 Eier, 1 Prise Salz, 150 g Zucker, 1 Päckchen Vanillinzucker, 100 g Speisestärke
2 Likörgläser Orangenlikör
200 g Mehl, 1/4 l Orangensaft, 500 g Erdbeeren, 1/4 l süße Sahne, 1 Päckchen Vanillinzucker, 2 Eßl. Puderzucker, 1 Pck. Sahnesteif

Das geschmeidige Fett schaumig rühren, Eier, Salz, Zucker und Vanillinzucker nach und nach unterrühren, danach Speisestärke mit dem Orangenlikör zugeben. Zuletzt das gesiebte Mehl zusammen mit dem Orangensaft unter die Teigmasse rühren und von dieser Masse Waffeln ausbacken. Beachten Sie die Gebrauchsanweisung des Waffeleisens. Die Erdbeeren mit Vanillinzucker und Puderzucker einzuckern und die mit Sahnesteif geschlagene Sahne zu den Waffeln reichen. (Foto Seite 121, oben).

Mandelbögen

25 Stücke à 125 Kalorien = 522 Joule
250 g Mandeln, 300 g Puderzucker, je 1 Löffelspitze Kardamom, Nelkenpulver und gemahlener Ingwer, 2 Eiweiß, Rechteck-Backoblaten, 50 g Kuvertüre

Mandeln fein reiben, mit Puderzucker, Gewürzen und Eiweiß zu festem Teig kneten. Auf Streuzucker Teig 1/2 cm dick ausrollen. Mit Wasser bestreichen und Oblaten daraufdrücken. Teigplatte wenden, so daß die Oblaten unten liegen. In 2 1/2 cm breite Streifen schneiden. Ring- oder Rehrückenform auf Backblech stellen und Teigstreifen darüberlegen. Im Elektro-Backofen bei 150 Grad ca. 20 Minuten backen. Abgekühlt mit den Enden in zerlassene Kuvertüre tauchen.

Storchennester

Pro Stück ca. 75 Kalorien = 313 Joule
300 g Mehl, 1 Prise Salz
1 Teelöffel Zucker
1 Päckchen Vanillinzucker
3 Eigelb, 1/8–1/4 l saure Sahne, ca. 1 kg Fett zum Ausbacken, Zimt und Zucker zum Bestreuen

Mehl in eine Schüssel sieben. Salz, Zucker, Vanillinzucker, Eigelb und so viel Sahne daruntermischen, daß ein fester Teig entsteht. Walnußgroße Kugeln daraus formen, die Teigkugeln auf ein bemehltes Brett legen, mit Mehl bestäuben und 1/2 Stunde ruhen lassen. Ausrollen, 1/2 cm breite Streifen einrädeln und dabei den Rand nicht verletzen. Jeden zweiten Teigstreifen mit einem Holzlöffelstiel aufheben, in das 180 Grad heiße Fett geben, kurz kreisend bewegen, hellbraun backen, abtropfen lassen und mit Zimt und Zucker bestreuen. (Foto Seite 121, unten).

Schillerlocken

Den Blätterteig nach Vorschrift auftauen lassen. Dünn auswellen und in ca. 20 cm lange, 2 cm breite Streifen schneiden. Kegelförmige Holz- oder Metallformen mit zerlassenem Fett bestreichen und mit den Blätterteigstreifen schneckenförmig umwickeln. Die Formen auf ein Blech legen, mit verquirltem Ei bestreichen und bei 220 Grad ca. 15 Minuten backen. Kurz vor Ende der Backzeit die Schillerlocken mit Zucker bestreuen. Der Zucker schmilzt in der Hitze und gibt dem Gebäck einen hübschen Glanz. Nach dem Erkalten die Schillerlocken mit Sahnesteif steifgeschlagener und mit Vanillinzucker und Zucker gesüßter Sahne füllen. Tip: Sie können die Schillerlocken auch mit einer süßen Quarkmasse (Quark mit Zucker und Früchten gemischt) oder mit pikanten Salaten (Fleisch-, Budapester, Italienischer oder Heringssalat) füllen. Bei einer pikanten Füllung entfällt das Bestreuen mit Zucker während des Backens.

20 Stücke à 120 Kalorien = 501 Joule
1 Paket tiefgekühlter Blätterteig, 1 Ei, 50 g Zucker, 1/4 l süße Sahne
1 Päckchen Sahnesteif
2 Päckchen Vanillinzucker
25 g Zucker

Liwanzen

Mehl sieben und mit Salz vermischen. Die lauwarme Milch mit Dauerbackhefe und 1 Eßlöffel Zucker verrühren und 15 Minuten gehen lassen. Mehl mit der Milch, dem restlichen Zucker, Eigelb und 50 g zerlassenem Butterschmalz mit der Küchenmaschine oder dem Handrührgerät durcharbeiten. Zuletzt das zu Schnee geschlagene Eiweiß unterheben und in der Backröhre bei 50 Grad und geöffneter Backofentür ca. 1/2 Stunde gehen lassen. Eine Spiegeleierpfanne erhitzen, in jede Vertiefung 1/2 Teelöffel Butterschmalz geben, zergehen lassen und 1–1 1/2 Eßlöffel Teig hineingeben. Auf beiden Seiten goldbraun backen. Auf einer warmen Platte anrichten und zuletzt mit Powidl bestreichen und mit Streuzucker und Zimt leicht bestäuben. Warm servieren. (Foto Seite 125, unten).

Pro Stück ca. 115 Kalorien = 480 Joule
250 g Mehl, 1 Prise Salz
1/4 l Milch, 1 Päckchen Dauerbackhefe, 50 g Zucker
2 Eier, 100 g Butterschmalz
Powidl (Zwetschgenmus)
Zucker, Zimt

Osterbrötchen

Pro Stück ca. 145 Kalorien = 606 Joule
500 g Mehl, 1 Päckchen Hefe, knapp 1/4 lauwarme Milch, 75 g Zucker, 2 Eier 125 g Butter oder Margarine 1/2 Teelöffel Salz, 1 Teelöffel Zimt, etwas Kardamom 150 g Sultaninen und Korinthen, 1 Eigelb (mit etwas Milch verquirlt) 2 Eßlöffel Hagelzucker

Mehl in eine Schüssel geben und warm stellen. Hefe, 5 Eßl. Milch und 1 Teelöffel Zucker verrühren, zudecken und 15 Minuten stehen lassen. Hefemilch, übrige Milch, Zucker, Eier, 50 g weiches Fett, Salz, Zimt und Kardamom zum Mehl geben und Teig glatt rühren. Zudecken, 1 Stunde gehen lassen. Das übrige Fett in Würfel schneiden, ins Gefrierfach geben. Danach Fett, gewaschene Sultaninen und Korinthen unter den Teig kneten. Tomatengroße Häufchen auf ein gefettetes Backblech setzen, Brötchen gehen lassen, mit Eigelb bestreichen, mit Hagelzucker bestreuen und bei 200 Grad 30 Minuten backen. (Foto rechts).

Böhmische Dalken

Pro Stück ca. 160 Kalorien = 668 Joule
500 g Mehl, 1 Prise Salz 1 Päckchen Dauerbackhefe 1/8 l Milch, 75 g Zucker 3 Eier, 150 g Butterschmalz 1 Päckchen Vanillinzucker 1/2 Glas Powidl (Zwetschgenmus) oder Aprikosenmarmelade

Mehl sieben und mit Salz vermischen. Dauerbackhefe in der lauwarmen Milch mit 1 Teelöffel Zucker verrühren und 15 Minuten warm stellen. Milch mit Eiern, 75 g zerlassenem Butterschmalz, Zucker und Vanillinzucker unter das Mehl rühren, gut verkneten. Teig mit etwas Mehl bestäuben. Schüssel mit einem Tuch abdecken und in die Backröhre (bei 50-Grad-Einstellung) schieben. Backofen nicht schließen. Den Teig ca. 1/2 Stunde aufgehen lassen. Danach auf bemehlter Tischplatte gut durchkneten, evtl. noch ca. 100 g Mehl unterarbeiten. Teig zu einer 1/2 cm dicken Platte auswellen. Quadratische Stücke von 5–6 cm ausrädeln. Jedes Stück mit etwas Zwetschgenmus oder Aprikosenmarmelade füllen und zu einer Kugel formen. Backblech mit Pergamentpapier belegen, mit zerlassenem Butterschmalz bestreichen. Die Dalken mit der Verschlußseite nach unten in Abständen von 4–5 cm auf das Pergamentpapier setzen. In der Backröhre nochmals aufgehen lassen. Die Dalken mit dem restlichen Butterschmalz leicht bestreichen und bei 200 Grad ca. 30 Minuten backen.

Zimtringe

120 Stücke à 50 Kalorien
= 209 Joule
Für den Teig: 250 g Butter
250 g Zucker, 1 Prise Salz
1 Ei, 250 g gemahlene
Haselnüsse oder Mandeln
375 g Mehl, 1 gehäufter
Kaffeelöffel Zimt
Zum Bestreichen: 1 Eigelb
und 1 Eßlöffel Milch

Für den Teig: Die Butter weichrühren, Zucker, Salz und Ei zugeben, Nüsse oder Mandeln, Mehl, mit dem Zimt vermischt, dazurühren, zu einem feinen Teig verkneten, ausrollen und Ringe ausstechen. Diese mit Eigelb, das mit Milch verrührt wurde, bestreichen und auf gefettetem Blech bei 180 Grad ca. 15 Minuten backen. Die Zimtringe können mit Zuckerglasur bestrichen und mit Garnierzucker verziert werden.

Kokosmakronen mit Schokolade

50 Stücke à 45 Kalorien
= 188 Joule
4 Eiweiß, 1 Prise Salz, Saft
von 1/4 Zitrone, 250 g
Zucker, 1 Päckchen
Vanillinzucker, 250 g
geriebene Kokosnuß, Backoblaten, 1 Becher Schokoladen-Fettglasur, Silberperlen und Buntperlen

Das Eiweiß mit Salz und Zitronensaft zu ganz steifem Schnee schlagen. Zucker und Vanillinzucker dazugeben und schnell darunterrühren. Die Kokosflocken locker darunterheben und nun kleine Teighäufchen auf Backoblaten setzen. In der Mitte mit einem Holzlöffelstiel eindrücken und dann bei 140 Grad etwa 40 Minuten backen. Abkühlen lassen, mit der aufgelösten Schokoladen-Fettglasur füllen und mit Silberperlen oder Buntperlen bestreuen. Wichtig: Die Oblaten verhindern, daß das Gebäck auf der Unterseite zu dunkel wird und nachher austrocknet.

Aprikosen-Busserln

30 Stücke à 60 Kalorien
= 250 Joule
3 Eiweiß, 100 g Zucker
2 Päckchen Vanillinzucker
150 g getrocknete Aprikosen
125 g Haselnüsse

Eiweiß, Zucker und Vanillinzucker im kochenden Wasserbad steifschlagen. Gewürfelte Aprikosen und gehackte Nüsse daruntergeben, kleine Häufchen auf ein mit Papier belegtes Blech setzen, bei 150 Grad ca. 1 Stunde backen, bis die Aprikosenbusserln gelb sind.

Haselnußmakronen

Eiweiß sehr steif schlagen, Zucker einrühren und einige Zeit weiterschlagen. Anschließend die gemahlenen Haselnüsse (etwa 40 ganze Haselnüsse zurücklassen) untermischen. Mit der gezuckerten Hand kleine Kugeln formen, etwas flachdrücken, 1 ganze Haselnuß eindrücken, auf Backoblaten setzen und bei 180 Grad ca. 25 Minuten backen. (Foto Seite 128, oben).

Pro Stück ca. 90 Kalorien
= 376 Joule
3 Eiweiß, 250 g Zucker
375 g Haselnüsse
runde Backoblaten

Spritzgebäck

Geschmeidige Butter oder Margarine mit Zucker und Vanillinzucker weißschaumig rühren, dabei die Eigelb nach und nach hinzufügen. Den Rum hineingeben und nun Mehl und Mandeln daraufgeben. Mit einem Holzlöffel rühren, bis der Teig glatt ist. Dann in eine Teigspritze mit Sterntülle füllen und auf ein gefettetes Backblech Ringe und S-Formen spritzen. Das Gebäck dann eine Stunde kalt stellen, danach mit verquirltem Eigelb bestreichen und bei 175 Grad im vorgeheizten Backofen 20 bis 25 Minuten backen.

Pro Stück ca. 90 Kalorien
= 376 Joule
200 g Butter oder Margarine
200 g Zucker, 1 Päckchen
Vanillinzucker, 4 Eigelb
2 Eßlöffel 54%igen Rum
300 g Mehl, 100 g geschälte, fein gemahlene Mandeln
1 Eigelb

Weiße Nürnberger Lebkuchen

Mandeln fein reiben, Zimt, Muskat, Nelken und feingehacktes Zitronat und Orangeat untermischen. Eiweiß ohne Eigelbspuren in fettfreier Schüssel mit einer Prise Salz zu steifem Schnee schlagen. Zucker 5 Minuten mit Handrührgerät gut unterschlagen. Mandel-Gewürzmischung unterheben. Die Masse auf Backoblaten hügelförmig aufstreichen (in der Mitte etwa 2 cm hoch), auf Bleche setzen und über Nacht trocknen lassen. Danach im Backofen bei 150 Grad etwa 40 Minuten backen. Glasur bereiten und die Lebkuchen damit bepinseln. Mit abgezogenen Mandeln oder kandierten Früchten garnieren. (Foto Seite 128, unten).

20 Stücke à 130 Kalorien
= 543 Joule
350 g ungeschälte Mandeln
1 gestrichener Teelöffel Zimt, 1 Prise Muskat, 1 Löffelspitze gemahlene Nelken
50 g Zitronat und Orangeat (gemischt), 4 Eiweiß, 1 Prise Salz, 250 g Puderzucker
runde Backoblaten (Ø 9 cm)
Für die Glasur: 50 g Puderzucker, 1 Eßlöffel heißes Wasser, einige Tropfen Zitronensaft

Dominosteine

Pro Stück ca. 110 Kalorien
= 459 Joule
125 g Honig, 25 g Butter
125 g Zucker, 1 Beutel
Lebkuchengewürz, 1 Eigelb
300 g Mehl, 5 g Hirschhornsalz, 3 g Pottasche, 6 Eßlöffel
Wasser, 50 g Mandeln
1/2 Glas Himbeer-Konfitüre
250 g Marzipan, etwas Rum
200 g Schokoladen-Fettglasur

Honig, Butter, Zucker und Lebkuchengewürz ins Wasserbad stellen. Erkaltet, Eigelb, gesiebtes Mehl, getrennt in Wasser aufgelöstes Hirschhornsalz und Pottasche sowie gehackte Mandeln gut unterkneten. Auf Blech 1 cm dick ausrollen, mit Gabel einstechen, bei 170 Grad 18 Min. backen. Längs in 4 Streifen schneiden und jeden Streifen waagrecht halbieren. Mit Marmelade füllen, mit Lebkuchen wieder bedecken und mit Marzipan, das mit Rum geschmeidig gerührt wurde, bestreichen. In Quadrate (3 × 3 cm) schneiden. In zerlassene Schokoladen-Fettglasur tauchen und auf Gitter abtropfen lassen. (Foto Seite 129, oben).

Basler Leckerli

80 Stücke à 70 Kalorien
= 292 Joule
250 g Mandeln, 375 g
Honig, 175 g Zucker, 1 P.
Lebkuchengewürz, Schale
von 1 Zitrone, 50 g Zitronat
50 g Orangeat, 3 Eßl. Kirschwasser, 375 g Mehl. Für die
Glasur: 2 Eßl. heißes Wasser
100 g Puderzucker

Mandeln schälen, in Streifen schneiden. Honig mit Zucker aufkochen. Mandeln in Honigsirup 5 Minuten kochen, Gewürz, Zitronenschale, Zitronat, Orangeat mit Kirschwasser zugeben und gut verrühren. Das Mehl darunterarbeiten. Abgekühlt auf gefettetes Blech geben, auswellen und bei 175 Grad 35 Minuten backen. Die Leckerli noch heiß in Rechtecke schneiden. Mit Puderzucker, verrührt mit heißem Wasser, nach dem Erkalten überpinseln. (Foto Seite 129, oben).

Mandelmonde

60 Stücke à 65 Kalorien
= 271 Joule
400 g Mandeln, 1/2 Teelöffel Kardamom, 1 Messerspitze Hirschhornsalz
3 Eiweiß, 375 g Puderzucker

Mandeln schälen, im Ofen trocknen, fein reiben. Mit Kardamom und Hirschhornsalz mischen. Eiweiß zu sehr steifem Schnee schlagen. Puderzucker 3 Minuten gut unterschlagen. 1/3 für die Glasur abnehmen. Mandeln unter 2/3 der Eiweißmasse kneten. Auf bemehltem Brett 1 cm dick ausrollen und zu Halbmonden ausstechen. Mit Guß bestreichen. Auf gefettetes Backblech setzen und bei 130 Grad etwa 25 Minuten trocknen. (Foto Seite 129, unten).

Spekulatius

Butter mit Gewürzen schaumig rühren. Zucker und Eier zugeben. Mehl mit Backpulver sieben, Mandeln reiben, untermischen und Teig mindestens 2 Stunden kalt stellen. Spekulatiusmodel leicht mit Mehl bestäuben. Teig darauf- und flachdrücken. Mit Messer Teig vom Model schneiden, geformte Plätzchen durch Ausklopfen des Models herausnehmen. Auf leicht gefettetes Blech legen. Bei 180 Grad 15 Minuten backen. (Foto Seite 132, oben).

Pro Stück ca. 80 Kalorien
= 334 Joule
200 g Butter, 2 Teelöffel Zimt, 1 Teelöffel Lebkuchengewürz, je 1 Messerspitze Muskatblüte und Kardamom
125 g Zucker, 2 Eier
300 g Mehl, 1/2 gestrichener Teelöffel Backpulver
100 g Mandeln

Buttergebäck

Fett schaumig rühren. Puderzucker, Vanillinzucker und Eigelb mit unterrühren. Mehl unterkneten und den Teig ca. 1 Stunde kalt stellen. Danach auswellen und mit Förmchen Plätzchen ausstechen. Das Eigelb mit Kondensmilch verrühren und die Plätzchen damit bestreichen. Bei 175 Grad ca. 25 Minuten backen lassen. (Foto Seite 132, oben).

50 Stücke à 70 Kalorien
= 292 Joule
200 g Butter oder Margarine
125 g Puderzucker
2 Päckchen Vanillinzucker
3 Eigelb, 275 g Mehl
Zum Bestreichen: 1 Eigelb
1 Eßlöffel Kondensmilch

Vanillekipferln

Den Zucker mit dem Mark der Vanilleschote mischen. Speisestärke und Mehl zusammen auf ein Backbrett sieben und das Fett in Flöckchen darüber verteilen. Die Mandeln abziehen, fein hacken und überstreuen sowie 60 g von dem mit Vanille gemischten Zucker. Die Zutaten rasch miteinander verkneten und einige Stunden kalt stellen. Aus dem Teig kleine Kipferln (Hörnchen) formen. Die Kipferln auf gefettetem Blech bei schwacher Hitze im vorgeheizten Ofen ca. 10 Minuten backen, vorsichtig vom Blech lösen und sofort in dem restlichen Vanille-Zucker-Gemisch wenden. (Foto Seite 132, unten).

Pro Stück ca. 50 Kalorien
= 209 Joule
100 g Zucker, 1 Vanilleschote, 50 g Speisestärke
90 g Mehl, 100 g Butter oder Margarine, 60 g Mandeln

Bethmännchen

Pro Stück ca. 60 Kalorien
= 250 Joule
325 g Mandeln, 200 g
Puderzucker, 1 Ei, 2 Eigelb

Mandeln abziehen, 50 g davon halbieren und aufbewahren. Restliche Mandeln sehr fein reiben. Mit Puderzucker, 1 Ei und 1 Eigelb gut verrühren. Kugeln (2 1/2 cm ∅) formen und auf gefettetes Blech setzen. Mit Eigelb bestreichen und je 3 Mandelhälften hochkant in jede Kugel drücken. Am nächsten Tag bei 170 Grad 25 Minuten backen. (Foto Seite 133, oben).

Kleiebrötchen

40 Stücke à 75 Kalorien
= 313 Joule
100 g Butter oder Margarine
50 g Zucker, 1 Päckchen
Vanillinzucker, 225 g Mehl
2 Eier
Zum Belag: 100 g Zucker
100 g Mandeln oder
Haselnüsse, abgeriebene
Schale von 1/2 Zitrone

Butter oder Margarine mit Zucker und Vanillinzucker verrühren, 2 Eigelb nach und nach zugeben. Mehl untermischen und Teig 1 Stunde kalt stellen. Für den Belag: 2 Eiweiß zu steifem Schnee schlagen und mit Zucker 2 Minuten gut rühren. Feingeriebene Mandeln und Zitronenschale untermischen.
Von dem Mürbteig mit gezackten, runden Ausstechern kleine Plätzchen ausstechen und auf gefettetes Blech legen. Je einen Klecks Mandelmasse daraufsetzen und bei 175 Grad 30 Minuten backen. (Foto Seite 133, oben).

Anisplätzchen

70 Stücke à 20 Kalorien
= 83 Joule
250 g Mehl, 4 Eier
250 g Zucker, 1 Beutel Anis
1 Löffelspitze Hirschhornsalz

Mehl in eine Schüssel sieben und bei 50 Grad im geöffneten Backofen vorwärmen. Eier und Zucker schaumig schlagen. Anis und Hirschhornsalz unter das Mehl mischen und mit der Eier-Zucker-Masse verkneten. Ein Backblech fetten, mit Mehl bestäuben und den Teig mit einem Spritzbeutel zu Plätzchen von ca. 3 cm ∅ aufspritzen. Über Nacht in der warmen Küche trocknen lassen. Am folgenden Tag bei 140 Grad ca. 25 Minuten backen. (Foto Seite 133, unten).

Schottische Haferbrötchen

Butter, Zucker und Salz in einen Topf geben, auf schwacher Hitze zerlassen und dabei gut verrühren. Dann vom Herd nehmen und die mit Backpulver gemischten Haferflocken und das Bittermandel-Aroma daruntergeben. Eine rechteckige Backform (20×30 cm) einfetten oder auf dem gefetteten Backblech eine entsprechend große Fläche mit einem Streifen aus Aluminiumfolie einrahmen. Den Teig hineingeben und glattstreichen. In den vorgeheizten Backofen stellen und bei 180 Grad etwa 20 bis 25 Minuten backen. Erkalten lassen und in Rechtecke schneiden.

25 Stück à 80 Kalorien = 334 Joule
100 g Butter, 125 g brauner Zucker, 1 Prise Salz, 175 g grobe und feine Haferflocken (halb und halb) 1 gestrichener Teelöffel Backpulver, einige Tropfen Bittermandel-Aroma

Basler Braun

Die Eier mit dem Zucker gut schaumig rühren, die grob zerkleinerte und im Wasserbad zerlassene Schokolade unterschlagen, die geriebenen Mandeln, Kirschwasser und Gewürze zufügen und zu einem glatten Teig kneten. Den Teig in Grießzucker zu einer Rolle formen, kleine nußgroße Stücke abschneiden, zu Kugeln formen und in kleine Konfektförmchen drükken, welche man zuvor mit Grießzucker ausgestreut hat. Gebäck aufs ungefettete Blech legen und bei 140 Grad ca. 25–30 Minuten trocknen lassen.

40 Stück à 80 Kalorien = 334 Joule
2 Eier, 150 g Zucker, 150 g Schokolade (Kuvertüre) 250 g Mandeln, 1 Likörglas Kirschwasser, Kardamom Nelken, Zimt Orangenschale

Wespennester

Die gebrühten und abgezogenen Mandeln in Stifte schneiden und mit der Hälfte des Zuckers anrösten. Das Eiweiß mit einer Prise Salz zu steifem Schnee schlagen, den restlichen Zucker nach und nach zufügen. Die Schokolade grob hacken und mit den gerösteten Mandelstiften mischen. Die Schokoladen-Mandelmasse unter das Eiweiß geben und einige Minuten in den Kühlschrank stellen. Danach kleine Häufchen auf ein gefettetes und bemehltes Blech setzen. In 25 Minuten bei 160 Grad backen. (Foto Seite 129, unten).

Pro Stück ca. 65 Kalorien = 271 Joule
500 g Mandeln, 400 g Zucker, 6 Eiweiß, 1 Prise Salz, 250 g Schokolade (Kuvertüre)

Bärentatzen

60 Stücke à 75 Kalorien
= 313 Joule
375 g Mandeln, abgeriebene Schale von 1 Zitrone
1 gestrichener Teelöffel Zimt, 1/2 gestrichener Teelöffel Kardamom
200 g Vollmilchschokolade
200 g Zucker, 2 Eier
1 Eigelb

Mandeln fein reiben, mit Zitronenschale, Zimt und Kardamom mischen. Schokolade grob zerkleinern und im Wasserbad zerlassen. Eier und Eigelb mit Zucker 2 Minuten verrühren, flüssige Schokolade unterrühren und danach die Mandeln unterkneten. Im Kühlschrank abkühlen lassen, danach walnußgroße Kugeln formen, in Zucker wälzen. In Muschelförmchen drücken und auf ein leicht gefettetes Blech setzen. Bei 150 Grad 25 Minuten backen. Nicht länger backen, sonst werden die Bärentatzen hart. (Foto Seite 133, unten).

Schokoladebrezeln

Pro Stück ca. 85 Kalorien
= 355 Joule
200 g Butter oder Margarine
2 Eigelb, 75 g Puderzucker
2 Päckchen Vanillinzucker
Schale von 1/2 Zitrone
100 g Mandeln, 300 g Mehl
150 g Kuvertüre

Geschmeidige Butter oder Margarine mit Eigelb, Puderzucker, Vanillinzucker und Zitronenschale kurz verrühren. Mandeln schälen, fein reiben. Mit Mehl kurz unter die Creme kneten. Teig 1 Stunde kalt stellen. Etwa 12 cm lange, 1/2 cm dicke Röllchen und daraus Brezeln formen, auf gefettetes Blech legen. Bei 180 Grad 25 Minuten backen. Erkaltet in zerlassene Kuvertüre tauchen und auf Gitter abtropfen lassen. (Foto Seite 132, unten).

Badener Kräbeli

40 Stücke à 45 Kalorien
= 188 Joule
200 g Zucker, 2 Eier
1 Beutel Anis, 1 Löffelspitze Hirschhornsalz, 250 g Mehl

Zucker und Eier 15 Minuten weißschaumig rühren. Anis und Triebmittel unter erwärmtes Mehl mischen, mit der Ei-Zucker-Masse verkneten. Auf bemehlter Platte in fingerdicke Rollen formen, in 5 cm lange Stücke, viermal seitlich geschlitzt, teilen. Hufeisenförmig biegen und auf ein gefettetes Blech setzen. Über Nacht trocknen. Nach 25 Minuten Backzeit bei 140 Grad zeigt das Gebäck die typische Füßchenform.

Haselnußecken

50 Stücke à 75 Kalorien
= 313 Joule
100 g Haselnüsse, 100 g Mehl, 125 g Butter, 75 g Zucker, 100 g Kaba, 1 Eßlöffel Rum, 1 Prise Salz
Johannisbeergelee, 200 g Puderzucker, 2–3 Eßlöffel Kirschwasser

Haselnüsse auf ein Backblech schütten und im heißen Backofen 5 Minuten rösten. Etwas abkühlen lassen, die braunen Häutchen abreiben und die Nüsse durch die Mandelmühle drehen. Mehl auf ein Backbrett schütten, die Butter hineinlegen und mit bemehltem Messer zerhacken. Zucker, Nüsse, Kaba, Rum, Salz hinzufügen, alles schnell zu einem glatten Teig kneten und diesen 1/2 Stunde in den Kühlschrank legen. Dann auf ein Backblech legen und 1/2 cm dick ausrollen. Bei 180 Grad auf der mittleren Schiene in den Backofen geben und etwa 20 Minuten backen. Sofort mit einer dünnen Schicht Johannisbeergelee bestreichen und abkühlen lassen. Puderzucker mit Kirschwasser verrühren und den Kuchen damit bestreichen. Halbieren, die Kuchenplatten übereinanderlegen und in kleine Dreiecke schneiden. Glasur trocknen lassen und Gebäck in Blechdose aufbewahren.

Orangenschnitten

30 Stücke à 160 Kalorien
= 668 Joule
Für den Teig: 250 g Mehl
75 g Zucker, 1 gestrichener Teelöffel Backpulver, 1 Ei
125 g Butter
Für die Füllung: 125 g Mandeln, 150 g Zucker
1 Orange, 100 g Puderzucker
30 abgezogene Mandeln

Für den Teig: Mehl, Zucker und Backpulver auf einem Backbrett mischen. In die Mitte eine Vertiefung drükken. Ei in die Mitte und Butter in Flöckchen auf den Rand geben. Glattkneten und kühl stellen. Für die Füllung: Mandeln hacken, Orange fein abreiben und auspressen. Mandeln, Orangenschale und Zucker mischen und so viel Saft hineinrühren, daß die Masse streichfähig wird. Den Teig zwischen Pergamentpapier zu zwei Rechtecken (25 × 30 cm) ausrollen. Backblech einfetten, ein Teigstück darauflegen und mit der Füllung (1 cm Rand freilassen) bestreichen. Mit dem zweiten Teigstück zudecken und die Ränder festdrücken. Einige Male mit einer Gabel einstechen, bei 200 Grad in den Backofen geben und 20 Minuten backen. Puderzucker mit 2 Eßlöffel Orangensaft verrühren und den heißen Kuchen damit bestreichen. In Stücke schneiden, ganze Mandeln darauflegen, abkühlen lassen, zwischen Pergamentpapier oder Alufolie in eine fest verschließbare Gebäckdose schichten.

Alphabetisches Inhaltsverzeichnis

Inhaltsverzeichnis nach Gruppen